跟石佛学围棋

基本定式

李昌镐 ● 著
陈　启 ● 译

成都时代出版社
CHENGDU TIMES PRESS

图书在版编目(CIP)数据

跟石佛学围棋. 基本定式/(韩)李昌镐著;陈启译.
—成都:成都时代出版社,2016.6
ISBN 978-7-5464-1666-3

Ⅰ.①跟… Ⅱ.①李… ②陈… Ⅲ.①定式(围棋)
—基本知识 Ⅳ.①G891.3

中国版本图书馆 CIP 数据核字(2016)第 134342 号

四川省版权局　著作权合同登记章　图进字 21-2016-12 号

跟石佛学围棋　基本定式
GEN SHIFO XUE WEIQI JIBEN DINGSHI
李昌镐　著　　陈　启　译

出 品 人　石碧川
策划编辑　黄　晓
责任编辑　李　林
责任校对　许　延
封面设计　冯永革
版式设计　华彩文化
责任印制　干燕飞
出版发行　成都时代出版社
电　　话　(028)86618667(编辑部)　(028)86615250(发行部)
网　　址　www.chengdusd.com
印　　刷　四川五洲彩印有限责任公司
规　　格　165 mm×230 mm
印　　张　14.5
字　　数　196 千字
版　　次　2016 年 6 月第 1 版
印　　次　2016 年 6 月第 1 次印刷
印　　数　5000 册
书　　号　ISBN 978-7-5464-1666-3
定　　价　25.00 元

前　言

定式是围棋的最基本的技术，对业余棋手来说，这一基本技术掌握得是不是扎实，是不是能对定式达到理解的程度，这个环节十分重要。虽说不懂定式也能下棋，但连最基本的技术都掌握不好的人，可想而知其围棋水平也只能是原地踏步，止步不前。现实中有些人由于不重视定式的学习，热衷于作战，结果学棋数年，棋力仍停留在初级水平。

本书重点讲解定式中最基本的星和小目定式及其变化。为了方便大家对其他定式有所了解，在最后一章中也收录了不常使用但变化多样的目外定式、高目定式和三三定式及其变化。

"万丈高楼平地起"，希望大家通过本书的学习，打好围棋的基础，快速增长棋力。

最后对为本书出版工作付出辛勤劳动的各方人士表示诚挚的感谢。

目　录

跟石佛学围棋 **基本定式**

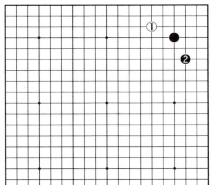
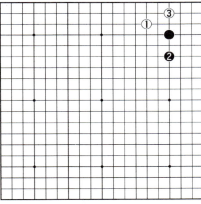
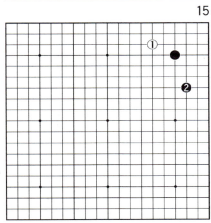
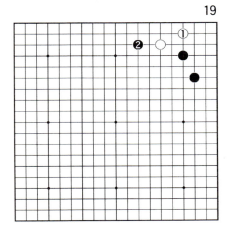
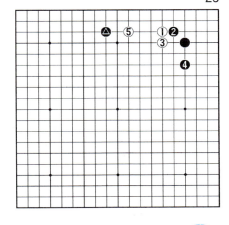

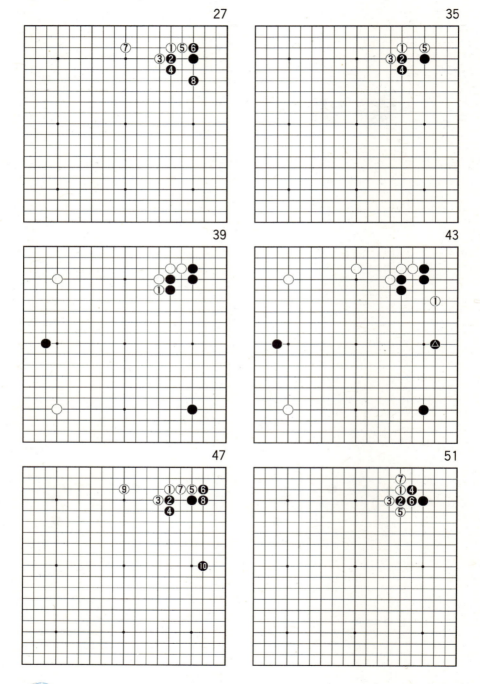

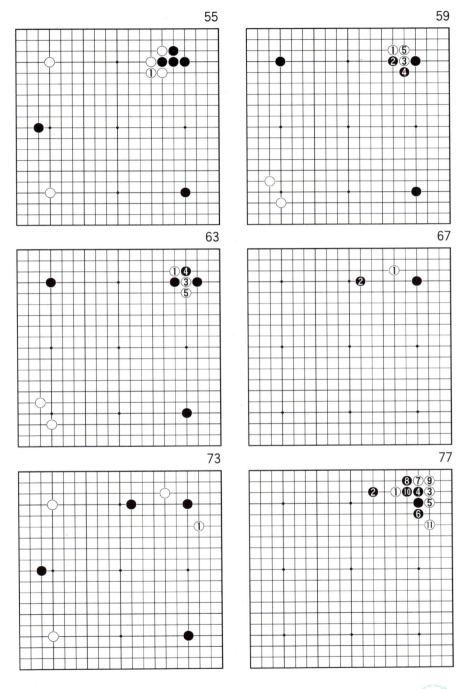

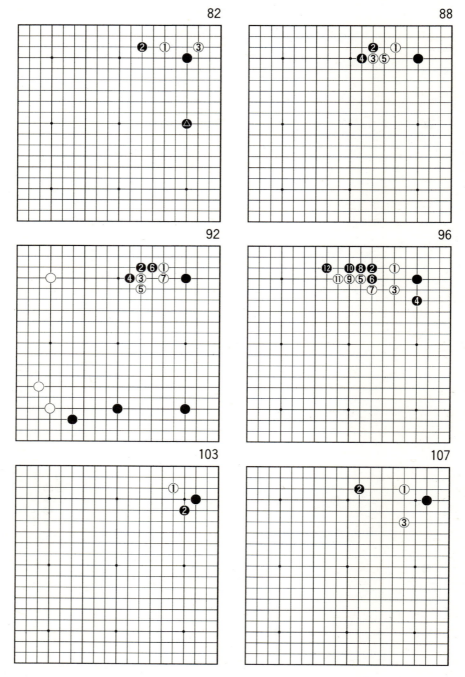

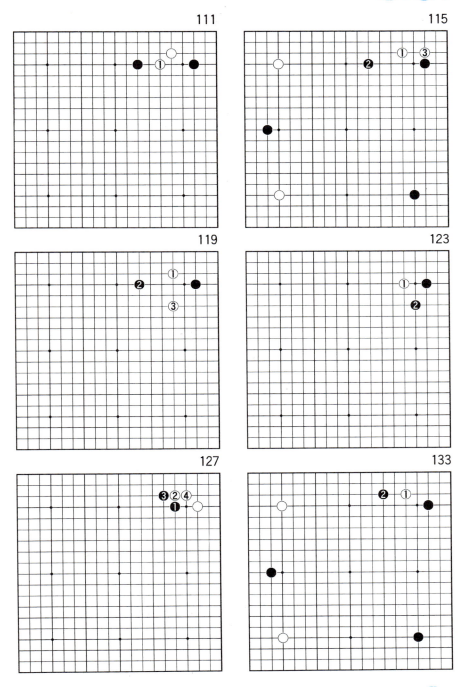

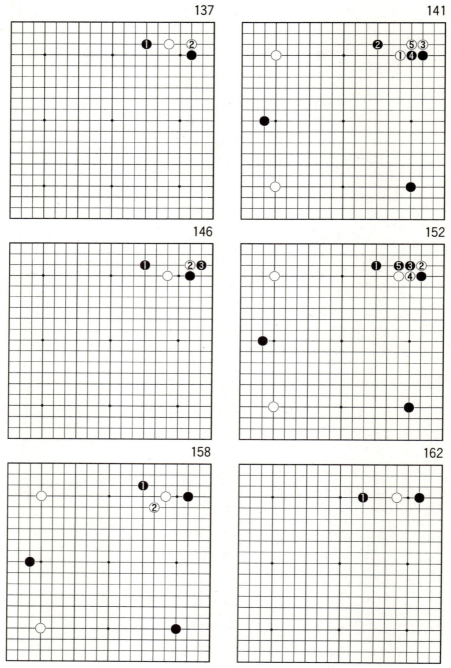

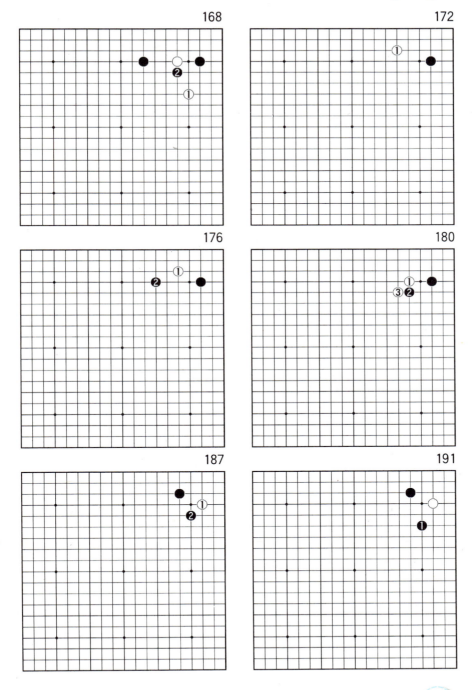

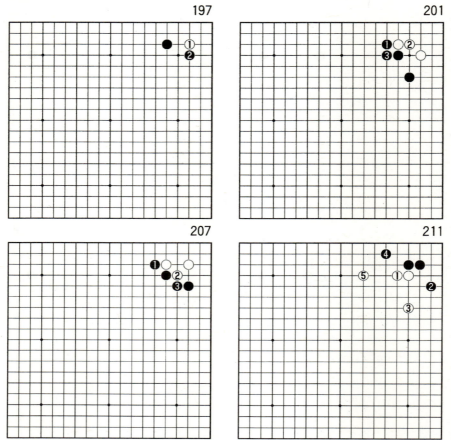

197

201

207

211

星 定 式

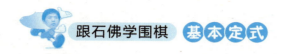

星位的特征

通常将四路称为"势力线"，将三路称为"实地线"，而星位位于四路的势力线上，与三三、小目相比，星位的力量更大。虽然星位有图1中被白1打入的缺陷，但黑棋可以构筑成图2中的强大外势，白棋的角地获得了大约10目的实地，黑棋虽然没有取得实际的利益，但其影响力可以辐射到×所示的范围内。

图3中的黑棋占小目后，如能在2位再补一手棋，即可完成缔角，但白棋为阻止黑棋缔角，必然会于白2或A位积极挂角，双方由此发生战斗。

由于星位处于四路，黑棋不太可能在其上下左右进一步缔角，选择在其他地方下棋的可能性更大。星位的特征如下：①可能会让对方占取角地，而自己则在外围构筑更大的外势；②星位是重视速度的位置，符合现代围棋的潮流。

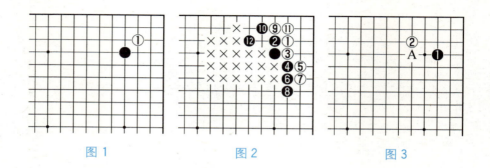

图1　　　　　　　　图2　　　　　　　　图3

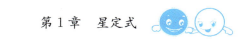

1. 飞的应手

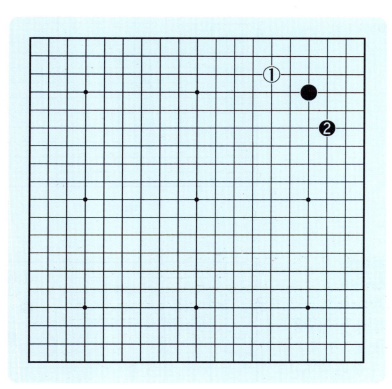

白1挂角时，黑2飞是常见的一种定式，也是笔者常用并十分喜爱的下法，原因是方便占地。

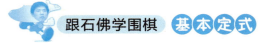

 图 1

基本型

黑△飞后，白1
小飞，黑2守三三是
最常见的下法。

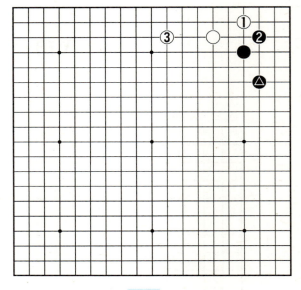

图 1

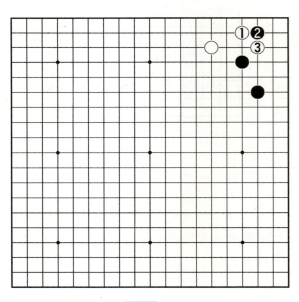

图 2

图 2

黑棋贪心

黑棋为了占取更
多的实地，于黑2挡
是过于贪心的下法，
白3扳是强手，后续
进行见下图。

图 3

黑棋大损

此后黑 1 必须断，白 2、4 则可打拔黑棋一子，黑棋的根据地被破，只能另寻根据地。

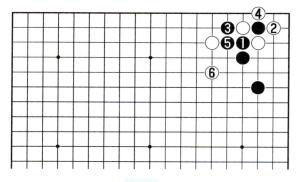

图 3

图 4

白棋无法脱先

因此黑 2 必须补棋，看似黑棋是后退，但却是本手，此时白 3 如果脱先，黑4 夹攻后，白棋难受。白棋通常的下法是在 A 位补。

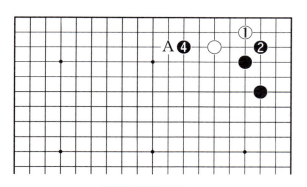

图 4　③脱先

图 5

其他方法

白 1 大飞也是一种下法，白棋强调的是对中腹的影响力，也有下在 A 位的下法。

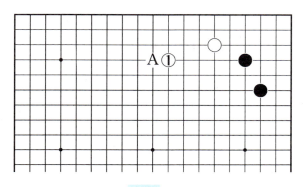

图 5

图 6

快速安定

白1靠，力求快速安定，也是定式。

图 7

扳的好棋

白△和黑△交换后，白1扳是好棋，黑2、4是常见的下法。后续进行见下图。

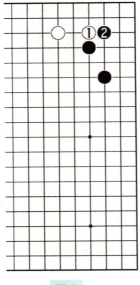

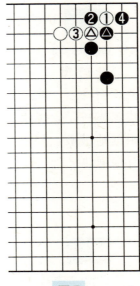

图 6　　　　　图 7

图 8

黑棋被破

此后白2、4打吃，黑棋被破，这是因为上图中黑棋过于贪心所致。

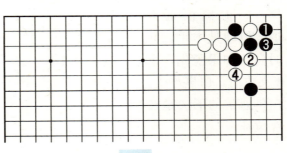

图 8

图 9

安全的应手

黑1连接，不仅十分安全，而且也不坏，白2补棋后，双方均无不满。

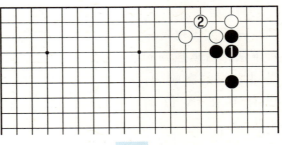

图 9

图 10

周边环境

本图与图 1 是相似的基本型，不同点是本图中有白△逼攻，此时白 1 深入，黑 2 挡不好，白 3、5 渡过后，黑棋成为浮棋。

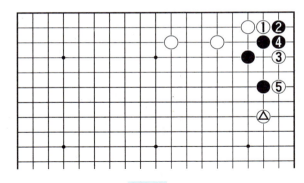

图 10

图 11

应急处理

此时黑 2 顶后，黑 4 挡，黑棋可以守角，黑棋如果不这样下，将会很累。

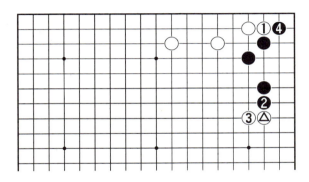

图 11

图 12

注意事项

白△逼攻时，黑 1 挡是好棋，黑棋由此不用担心被吃，而且以后还可保障 A 位的官子。

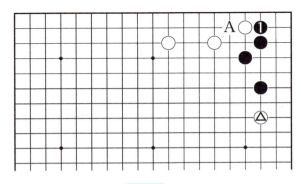

图 12

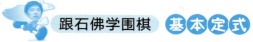

图 13

黑棋委屈

白3也可考虑点三三进角，黑4退守过于委屈。

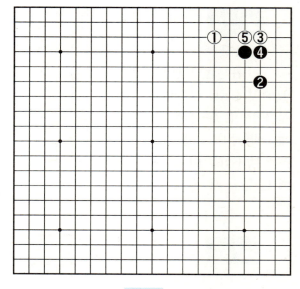

图 13

图 14

白△失势

本图中的白棋虽可在角部活棋，但黑棋可在外围筑成厚势，并让白△成为孤子，完全可以挽回角部的损失。

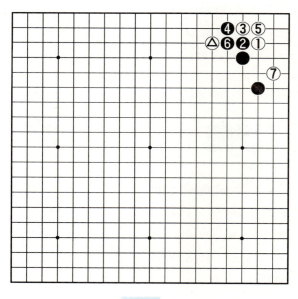

图 14

2. 一间跳

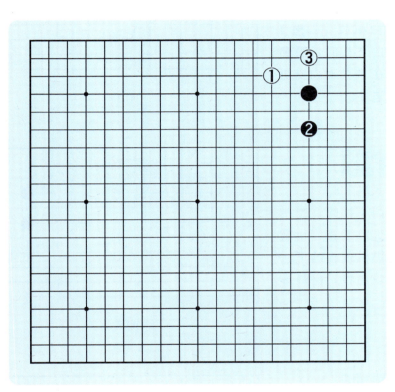

白1小飞挂角时，黑2一间跳是定式，是星定式中最常见的一种，特点是攻守兼备。

图 *1*

与飞的差别

黑▲跳与黑棋下在 A 位飞的差别是，如果白棋脱先，黑 1 顶，白 2 长时，黑▲要比在 A 位对白棋更具压迫性。

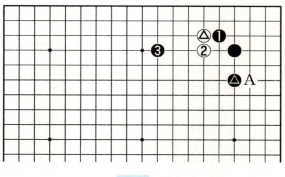

图 1

图 *2*

其他差别

白 1 挂时，黑棋的实地略受损。也就是说黑棋现在的下法更具攻击性，但略虚一点。

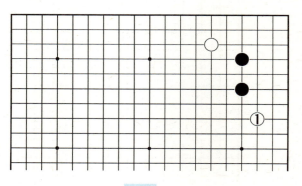

图 2

图 *3*

飞的优势

如果黑棋喜欢围地，本图中的黑棋飞更好，此时白 1 逼攻，黑 2 守角更为坚实。

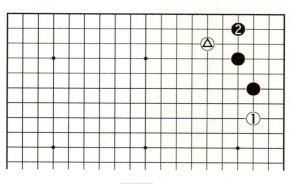

图 3

图 4

仍为基本型

白 3 飞，执意要破黑棋的实地，黑 4 补棋，白 5 拆二安定自己，黑 6 展开，这依然是双方可接受的局面，仍然是基本型。

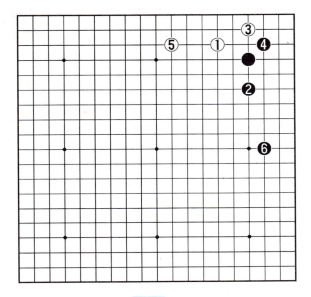

图 4

图 5

重视中腹

白棋如果重视中腹，于白 3 飞也可以，白棋的棋形更为舒展，与图 4 相比，白棋有 A 位的弱点。

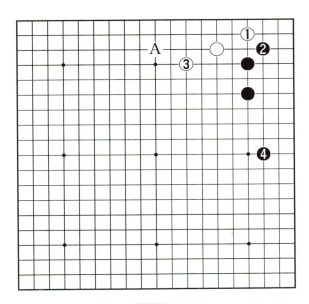

图 5

11

图 6

图 5 的理由

白棋选择图 5 的理由是，黑棋可能下成本图的局面，即黑 1、3 将白棋压在低位，并谋求扩张外势。

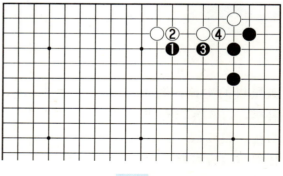

图 6

图 7

无条件补棋

图 6 中的白 4 必须无条件补棋，不能脱先。假定有黑 ▲ 时，白棋无根，处于受攻的地位，因此与根地相关的位置必须补棋。

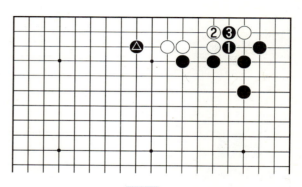

图 7

图 8

转换

图 4 基本型中假定有黑 ▲，黑 1 强靠可以成立，白 2 挡，黑 3、5 可以破地，白棋无根，处于受攻的地位。

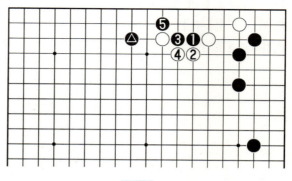

图 8

图 9

白棋难受

图8中的白2如果下成本图中的白2扳，结果大同小异，黑3弃子，白4打吃时，黑5反打，白△一子受到黑棋威胁，十分孤立。

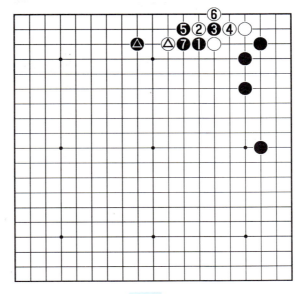

图9

图 10

白棋的应手

黑1打入时，白棋对黑棋没有好的处理方法，白2补棋是最可行的应手。

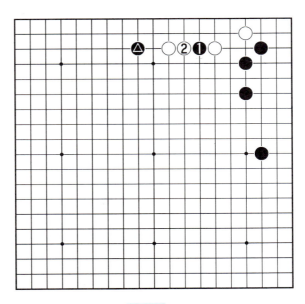

图10

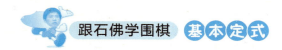

图 11

白棋打入过早

白 1 虽可打入，但考虑周边棋子配置后，白棋的下法不好。黑 4、6 可以强断白棋，后续进行见下图。

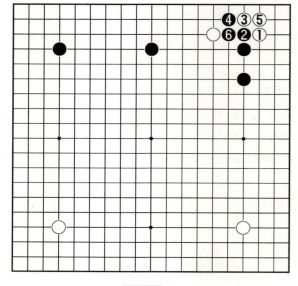

图 11

图 12

黑棋坚实

此后白棋如果想活角，黑棋则可与黑▲形成呼应，黑棋十分坚实，因此白棋要认真考虑打入的时机。

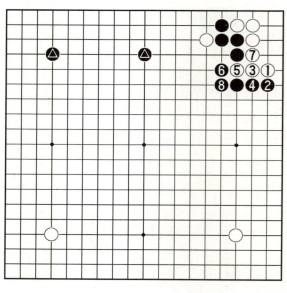

图 12

3. 大飞的应对

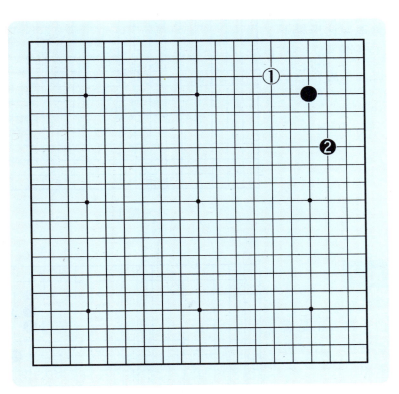

黑2大飞也是很有力的手段，这是刘昌赫九段常用的手法。

图 1

黑棋角地很大

黑棋大飞的特点是以后黑△补棋，黑棋的角地要比黑棋下在 A 位大很多，当然白棋也会考虑在三三打入。

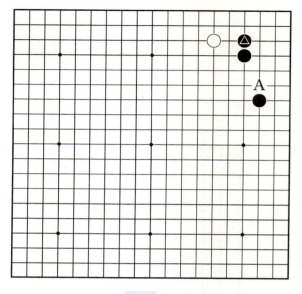

图 1

图 2

白棋打入

白 1 打入正是黑棋所期待的，后续进行见下图。

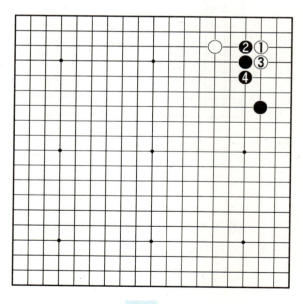

图 2

图 3

黑棋外势　白棋
实地

　　白棋打入时，黑
棋会让白棋获取一定
的实地，自己围成强
大的外势，这是当初
黑棋大飞的初衷，黑
棋的外势与黑▲形成
呼应，十分活跃。

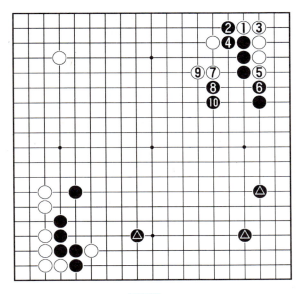

图 3

图 4

其他下法

　　白 1 靠，尽快安
定自己的手法很有力
量，黑 2 挡，白 3
断，后续进行见
下图。

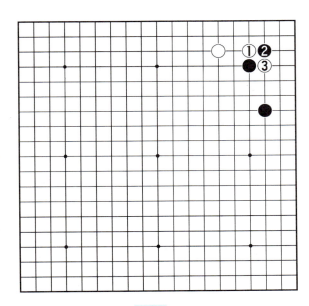

图 4

图 **5**

双方满足

黑1长是最可行的下法，白2、4安定后，双方均无不满。

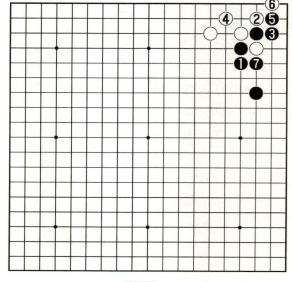

图 5

图 **6**

白棋的眼界

白△飞也不是不行，由于黑△比A位远一路，白棋的眼界就应该更远一点，因为黑棋看起来还是大。

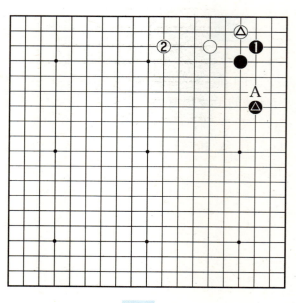

图 6

4. 重视外势

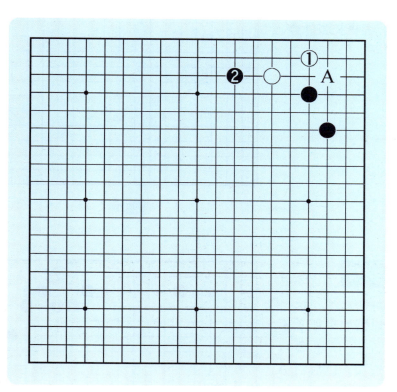

黑棋如果要取实地，在 A 位补棋是最直截了当的下法，现在黑 2 夹攻，很可能会将角地让给白棋。

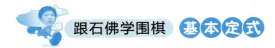

图 1

基本型

　　黑△夹攻时，白1点三三进角，黑2、4挡，黑棋扩张外势。

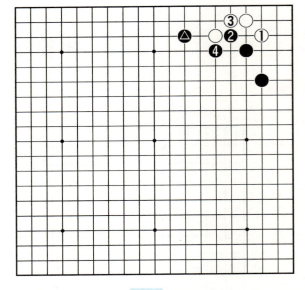

图 1

图 2

征子关系

　　白棋如果征子不利（左边有黑△），白2连接，以后白A飞后，黑B、白C的交换是大棋。

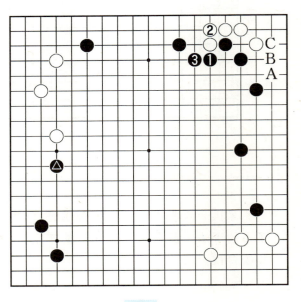

图 2

图 3

白棋征子有利

　　白棋如果征子有利，白 2 可以扳，黑棋在 A 位吃白 2 则会出大问题。由于有了白△引征，黑 5 只好长。

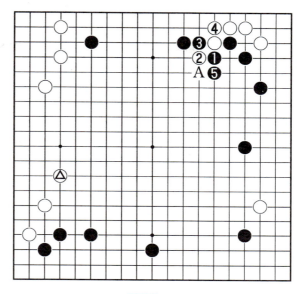

图 3

图 4

白棋不满

　　白△与黑△交换后，白 1 再跳，白棋不满。

图 5

变换次序

　　变换一下次序，如果黑 1 补棋时，白棋不在 A 或 B 位补棋，而于白 2 跳，情况如何呢？白 4 脱先，又会如何？会不会受到黑 5 的攻击？

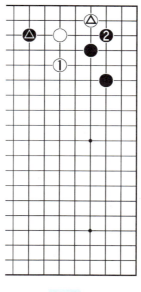

图 4

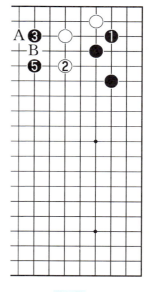

图 5

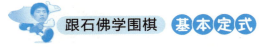

图 6

天壤之别

本图中黑棋在三三有子，白棋必须向中腹跳，虽想拆边，但由于有黑2的存在，白棋拆边已不可能。

图 7

三三无子的情况

如果黑棋三三无子，白2十分充分。

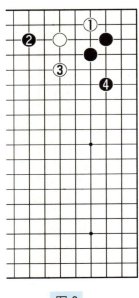
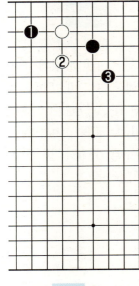

图 6　　　　　　　图 7

图 8

黑棋活跃

白1后，白棋可以适时在A位点角，白棋的转身十分自主。

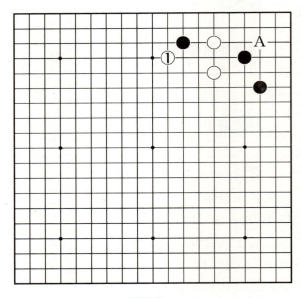

图 8

5. 尖的威力

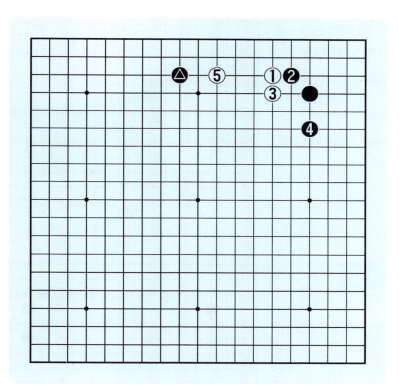

黑2尖顶，在黑棋已有黑△的情况下是十分强有力的手段，实战可以尝试使用。

图 1

形势分析

在黑棋事先抢占黑△或 A、B 位的情况下，黑棋在角上尖顶是很有力量的手段，这一点不用置疑。白△本来应该是立二拆三，应拆在 A 或 B 位，现在的白棋棋形有点拥挤。

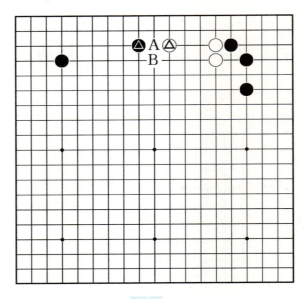

图 1

图 2

白棋的理想棋形

如果在 A 位没有黑子，白 1 拆，与白△的间隔很好，自然消除了黑 B 打入的手段。白棋在立二拆三后，还可瞄着 C 位的打入，白棋好下。

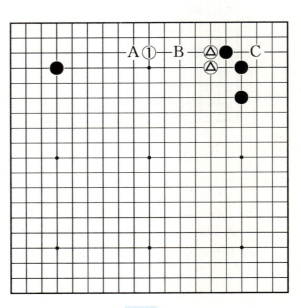

图 2

图 3

现在的情况

现在图中有黑⚫存在，白1进角是无理棋，黑2切断后，白△十分难受。白棋过于贪图实地，很容易自缚手脚。

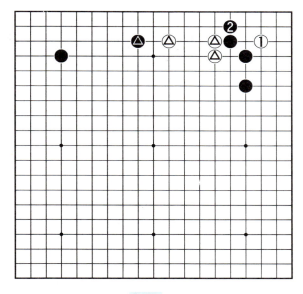

图 3

图 4

黑棋失算

黑2如果挡，正中白棋下怀，白棋快速安定后，黑棋失算。

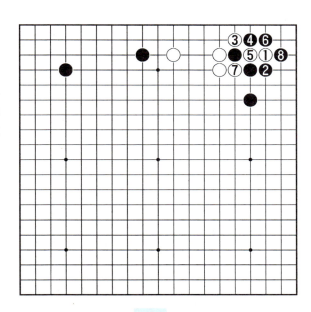

图 4

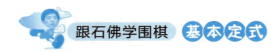
图 5

参考图

图 4 中的白 7 如果下成本图中的白 2 下立,黑 3 连接是好棋,白棋受损。白 4 如果下在 5 位连接,黑棋下在 4 位后,角上白棋被吃。

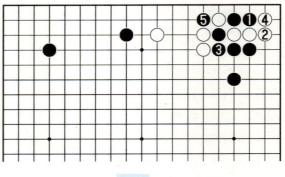

图 5

图 6

黑棋缺少力量

黑 1 挡,白 2 渡过时,黑 3 退,缺少力量,黑棋不仅没有让黑▲发挥作用,而且还让白棋轻松安定。

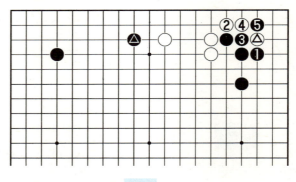

图 6

图 7

唯一下法

白棋胆敢在黑棋的势力范围内勇敢打入,黑棋当然应该还以颜色,黑 1 强断是唯一强有力的下法,白△受到了很大威胁。

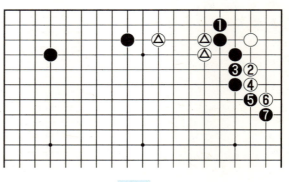

图 7

6. 著名的靠长定式

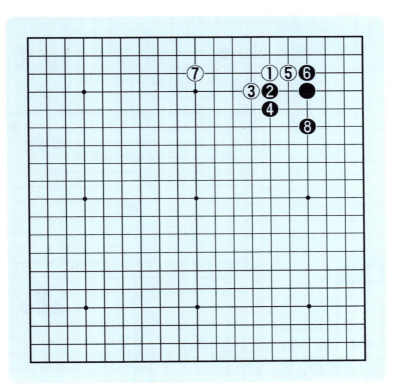

靠长定式是让子棋中的常用定式，经常出现在下手对上手的对局中，目的是尽快确定棋形，占取实地。

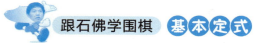

图 1

靠长定式的特点

靠长定式是扩张棋形的强有力定式，图中黑 1、3 与黑▲形成了强有力的呼应就是例证。

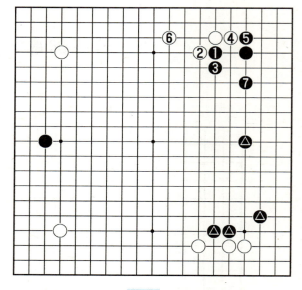

图 1

图 2

其他下法

黑 1 挡也不是不可以考虑，白 2 打吃，黑 3 连接后，黑棋也可与黑▲形成呼应，扩张棋形，不过对于初学者来说，还是图 1 的进行好。

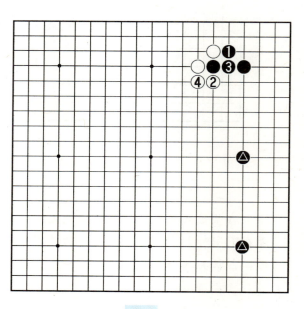

图 2

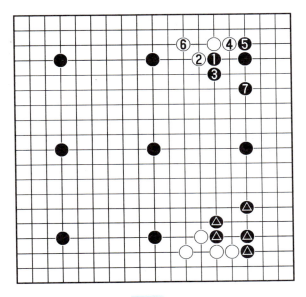

图 **3**

让子棋定式

　　正因为如此，靠长定式是让子棋中的常用定式，在事先有很多棋子的情况下，黑棋不仅可以向中腹发展，而且在围地方面也不错。

图 3

图 **4**

定式的出现过程

　　白 1 挂角时，黑 2 靠后，黑 4 长，这就是靠长定式的出现过程。

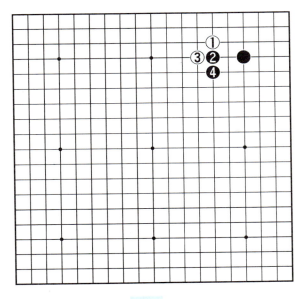

图 4

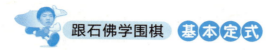
图 5

后续进行

白1占黑棋的虎的位置，这一位置通常是双方的急所，黑2挡角十分重要。

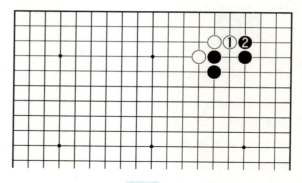

图 5

图 6

黑棋愚形

黑1连接是空三角的愚形，这一棋形不仅效率不高，而且A位还是空门，如果将角地拱手相让，黑棋十分不快。

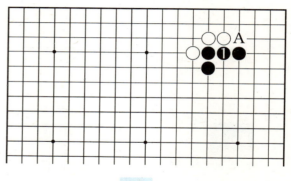

图 6

图 7

好的防守

续图5，白1虎很厚，黑2补棋同样如此。围棋是相对应的运动，白棋补厚时，黑棋同样补厚是上策。

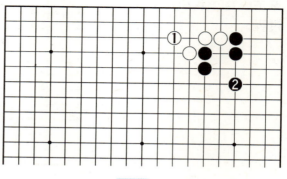

图 7

图 8

其他进行

白1大拆时，黑2展开也可，正如刚才所说的一样，围棋是相对应的运动。

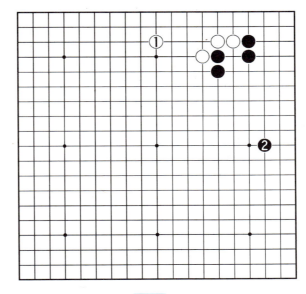

图 8

图 9

帮对方下棋

黑1拐，白2顺势应，黑棋是在帮对方下棋。白棋不仅消除了A位的弱点，以后还有白棋B位打入的手段。

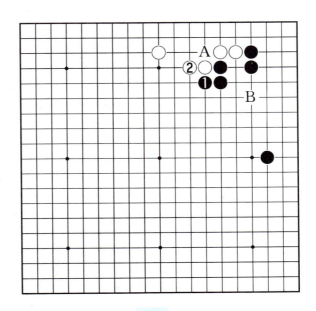

图 9

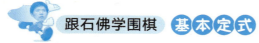

图 10

白棋无可奈何

白棋在无可奈何的情况下，于白 1、3 冲断，但黑棋有黑棋的对策，黑 6 下立是好棋，后续进行见下图。

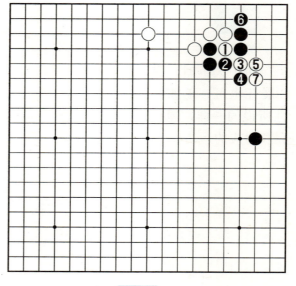

图 10

图 11

白棋后悔

黑 2 断十分严厉，这正是图 10 中黑 6 下立所发挥的作用，从中也可发现图 9 中的黑 1 帮对方下棋的后果是多么严重。

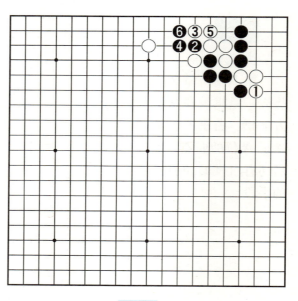

图 11

图 **12**

白棋的抵抗

此时白棋不能后退，于是白 1 强施手段，黑 2、4 切断，后续进行见下图。

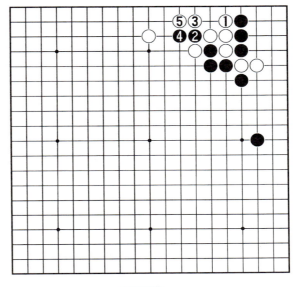

图 12

图 **13**

双打吃

黑 1、3 紧外气，准备吃白棋，白 4 跳时，黑 5 挖是妙手，白 6 打吃，黑 7 双打吃，白棋大损。

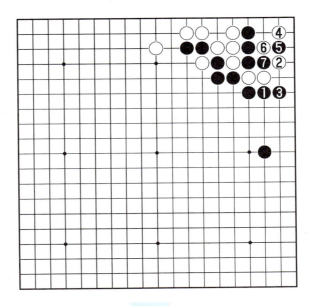

图 13

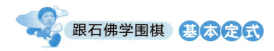

图 14

黑1紧气时，我们现在探讨一下白2下立的下法。

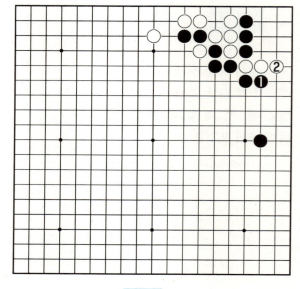

图 14

图 15

白棋受损

此后黑4从外侧紧气，白5跳，进行抵抗，黑6是致命一击，黑棋可以有眼杀无眼。

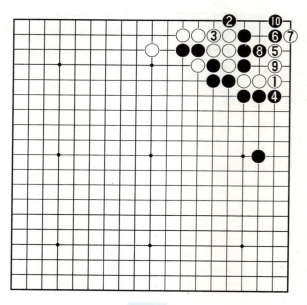

图 15

34

7. 靠长时的靠

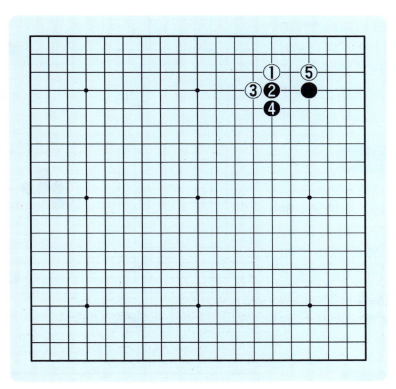

黑4长时，白5在下侧靠，白棋的这一下法是好是坏，应在什么情况下出现，请见分析。

图 1

基本型

黑 1 长时，白 2 在下侧靠，白棋的下法与我们以前所学的定式下法不同，此时黑 3 挖是要领，以后黑棋要注意，必须于黑 7 先拐一手才能转身。

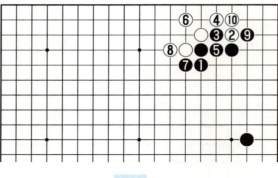

图 1

图 2

黑棋变小

图 1 中的黑 7 如果不下，白 1 长后，黑棋的外势小了很多。如能及时发现类似的重要位置，说明围棋实力已大有长进。

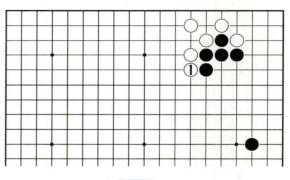

图 2

图 3

基本型之后

以后白棋如果有机会，有白 1 分断黑棋一子的权利，以下进行至黑 6，黑棋补棋是通常的进行。

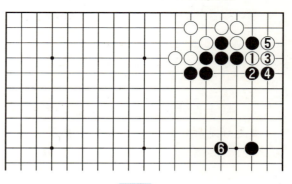

图 3

图 4

断的条件

白棋的断也不是任何情况下都行得通，也要因地制宜。例如黑棋有黑△的支援时，白 1 断是无理棋，黑 4 挡则是超强手。

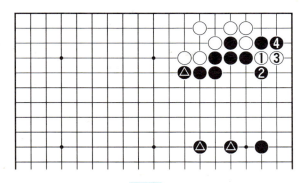

图 4

图 5

后续进行

此后白 1 拐头时，黑 2 挡是有准备的强手，白 3 打吃后的进行见下图。

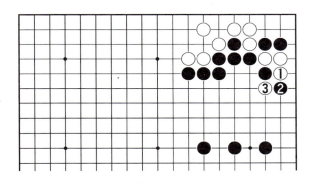

图 5

图 6

生不如死

黑 4 打吃是手筋，黑 6、8 巧妙渡过后，白棋五子自然不活。

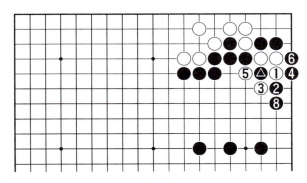

图 6　⑦＝△

图 7

仍是定式

黑1挤时，白2连接仍是定式，黑3守角时，白4、黑5展开，定式完成。

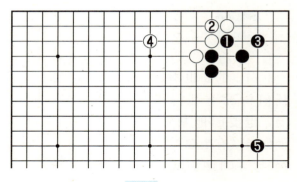

图 7

图 8

黑棋贪心

图7中黑3如果下成本图中的黑1挡，其后黑3大拆是黑棋贪心，下至白8，白棋两侧得利后，黑棋一无所获。

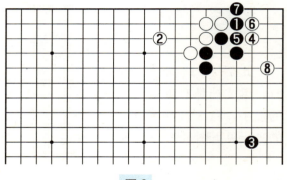

图 8

图 9

其他定式

黑1尖也有可能，白2、黑3进行后，双方均无不满，这又是一种定式。

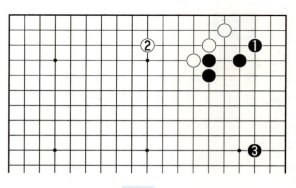

图 9

8. 假如挺头

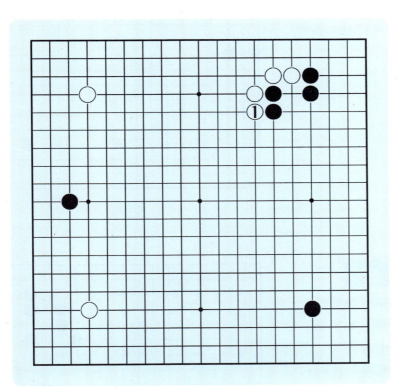

实战中白1挺头是经常出现的棋形，此时黑棋应如何应对？

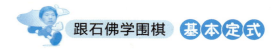

图 **1**

黑棋胆怯

黑1长，是过于胆怯的下法，有被白棋先手利用的感觉。

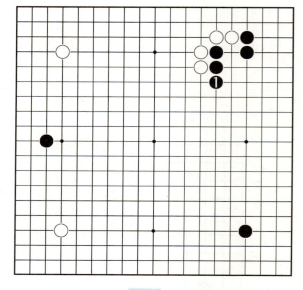

图1

图 **2**

果断切断

黑1如果扳，白2断十分果断，黑3只好整形，此时白棋的力量很足。

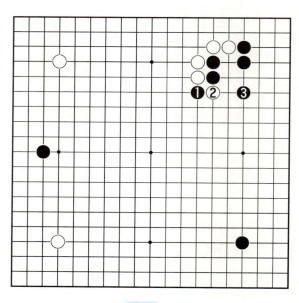

图2

图 3

后续进行

白 1 如果长，黑 2 同样可以长，以下进行至黑 6，双方在中腹展开交战。黑 ▲ 与黑 4 可以占地，黑棋的形势一点都不坏。

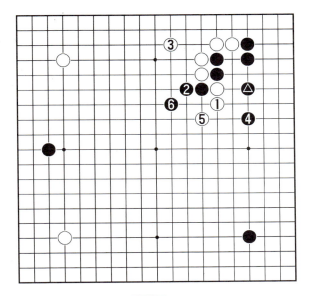

图 3

图 4

其他变化

白 1 如果顶，黑 2 连接，白 3 逃跑时，黑 4 补棋，下至黑 8 整形，黑棋的形势也不坏。

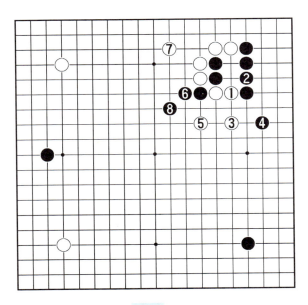

图 4

图 5

黑棋有勇无谋

白 2 切断时，黑 3 打吃是有勇无谋的表现，不能成立。白 4 长是先手，黑 5 不得不补棋，结果是白棋掌握主动权。

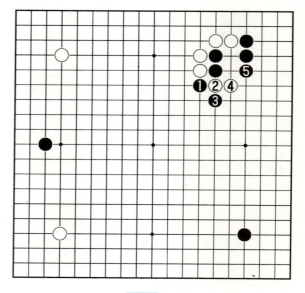

图 5

图 6

黑棋蛮干

黑 1 打吃是蛮干的下法，以后白 4 拐挡时，黑棋没有好的应对手段，黑棋受损。

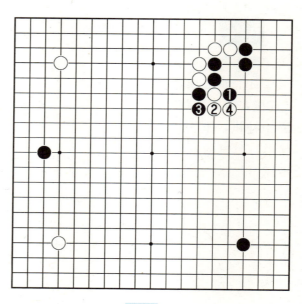

图 6

9. 半夜空袭警报

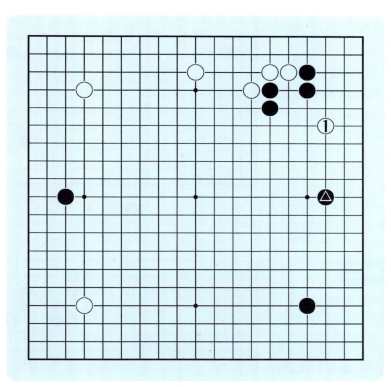

眼看右边黑棋从角地到黑⚠要围成大空，白棋采取空袭下法，于白1打入，此时白棋的打入时机恰当吗？是不是有点操之过急？

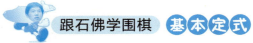
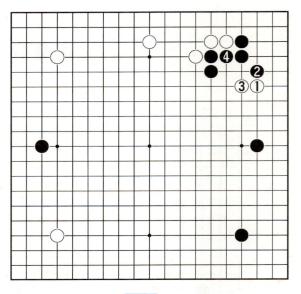

图 **1**

黑棋的正常下法

面对类似白1这样的突袭，黑棋首先不能害怕，而应表现出胸有成竹，黑2、4挡是黑棋的正常下法，黑棋绝对不会死棋，而白棋的根据地有点薄弱。

图 1

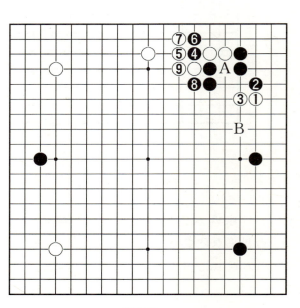

图 **2**

其他下法

图1中的黑4下成本图中的黑4切断，白5如果打吃黑棋，下至黑8，黑棋A位的弱点自然消除，以后黑棋可在B位猛攻白棋。因此白5不能打吃黑棋。

图 2

图 3

进一步说明

本图是对图 2 后续进行的进一步说明，即以后黑 1 攻击时，白△两子十分难受。

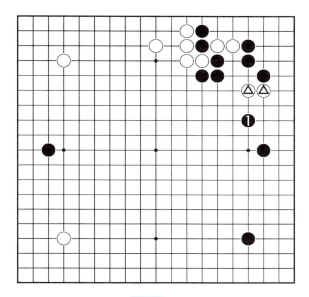

图 3

图 4

黑棋坏棋

黑 1 拐是恶手中的恶手，白 2 顺势长后，白棋 A 位的弱点自动解除，白棋可以于白 4、6 切断黑棋，从而掌控局面。

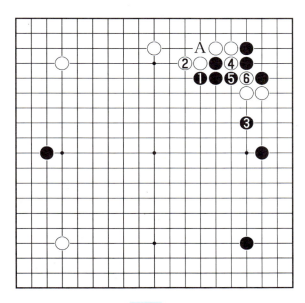

图 4

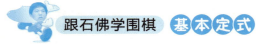

图 **5**

图1的后续进行

图 1 进行以后，白棋为了治孤，于白1、3 整形，下至黑6，黑棋又在另一侧构筑厚势，形势仍是黑好。

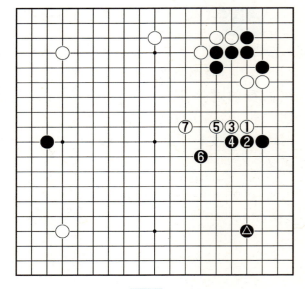

图 5

图 **6**

其他变化

白 1 尖的下法或许有点难，黑 2 补棋后，黑棋没有任何问题，后续的进行请大家各自确认一下。

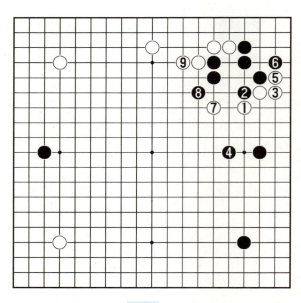

图 6

10. 靠长挡角

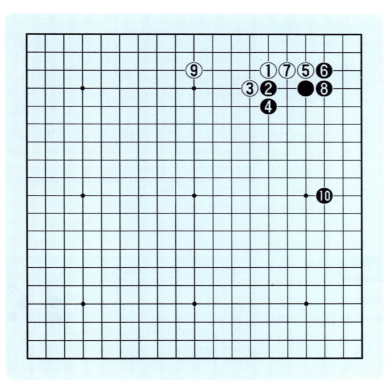

　　刚才我们学习了黑棋靠长时，白 5 靠的变化，现在我们学习黑棋不在 7 位挖，而于黑 6 挡角的变化。

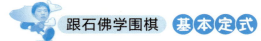

图 *1*

俗手

白1连接时，黑2挡是俗手，白3、5进角后，黑棋的角地彻底被夺。黑2应下在A位连接。

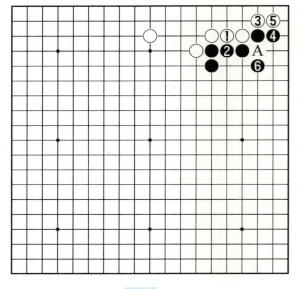

图1

图 *2*

仍是俗手

白1连接时，黑2虎仍是俗手，白3扳后，黑棋十分痛苦。

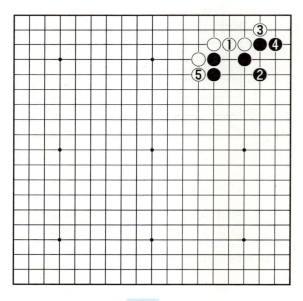

图2

图 3

变化

白 1 靠时，黑 2 断，目的是不让白棋得地，但黑棋略受损。此后白 3 连接时，黑 4 打吃，白 5 扳后，白棋可得角地。

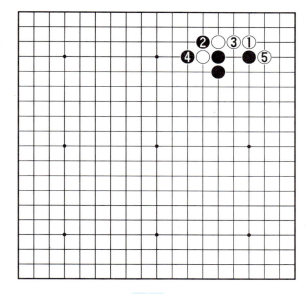

图 3

图 4

黑好

黑 2 断时，白 3 打吃过于轻率，黑 4、6 取角后，黑好。

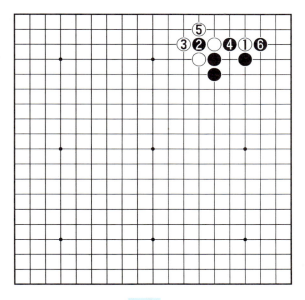

图 4

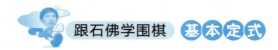

图 **5**

其他下法

白1补棋也可考虑，黑2打吃后，黑4连接，此后双方各自拆边，安定自己。

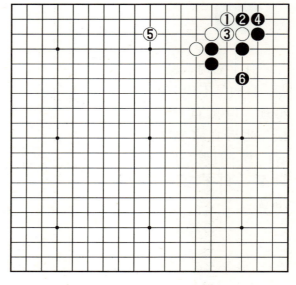

图5

图 **6**

白棋无理

黑△大拆是当然的进行，白1打入是白棋无理，以后黑4压是先手，以下进行至黑8，白棋死棋。

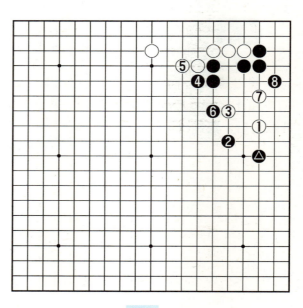

图6

11. 我曾经的最爱

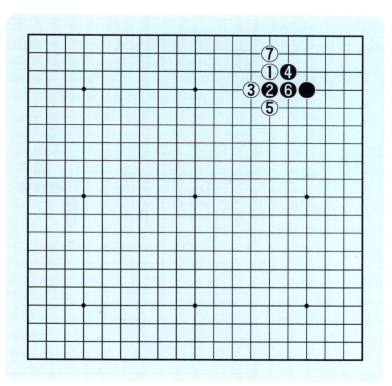

靠挡定式由于本人在实战中经常采用，因而一度流行。这一定式因方便取实地，所以在实战中得到了很好的应用。现在我们学习白7下立的变化。

定式进行

白1打吃后，白3下立是白棋重视实地的手段，这一定式由于便于取地，因此是常见定式。

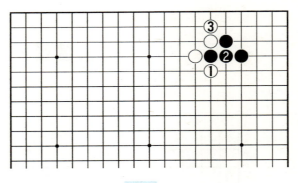

图1

图2

后续进行

其后黑1断是当然的进行，也是必然的下法，白2打吃不是好棋，白棋A位的弱点十分明显，但白棋在A位补棋又是后手。

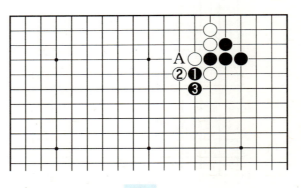

图2

图3

参考进行

此时白2长是正确下法，黑3打吃白棋一子时，白棋可得到宝贵的先手，白棋比图2的进行要好。

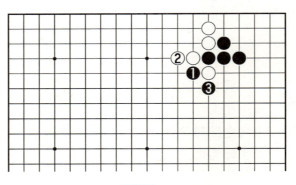

图3

图 4

后续进行

白 2 打吃后，白 4 拐是一种定型化的棋形。

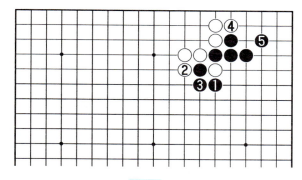

图 4

图 5

黑棋贪心

图 4 中的黑 5 如果下成本图中的黑 2 挡是黑棋的贪心，白 3 点后，黑棋痛苦，以下进行至白 7，黑棋角地被夺。

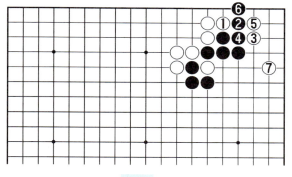

图 5

图 6

其他下法

白 1 进角也是一种下法，黑 2 挡时，白 3 渡过，黑棋虽然局部受损，但得到了先手，可以抢占其他大场。

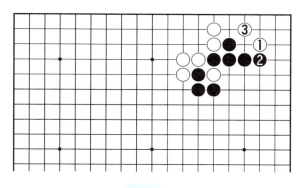

图 6

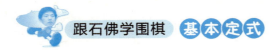

图 7

黑棋无理

黑 2 挡是黑棋无理，白 3 飞后，黑棋很难吃住白棋。

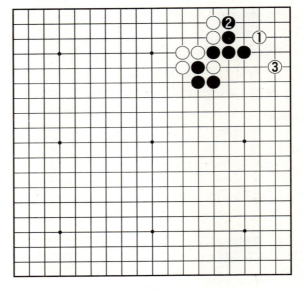

图 7

图 8

白棋无理

白 1 打入不好，由于已有黑△，白棋无法逃脱。

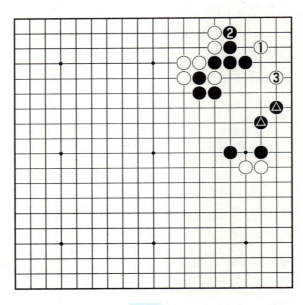

图 8

12. 取外势的手段

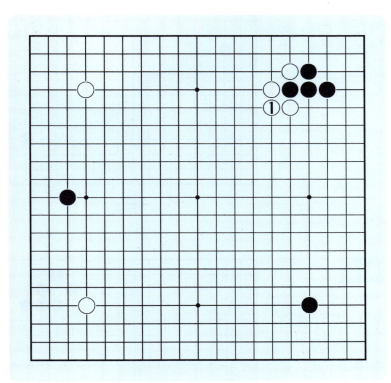

白1连接又会如何？白棋的这一下法看起来很厚，取外势的意图十分明显，目前虽然不能期待太多，但越进入中盘，越能发挥力量，因此这也是本人爱用的定式。

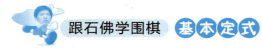

图 1

基本型

此后黑 1 拆边，白 2 下立可以说是双方最可行的下法，结果是黑棋得实地，白棋得厚势。

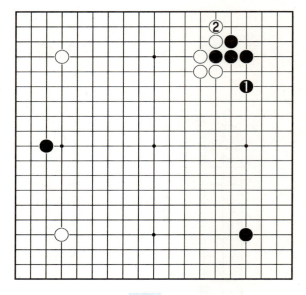

图 1

图 2

仍是正型

黑 1、3 打拔白棋一子，消除角上余味是很厚的下法，这一进行仍是正型。

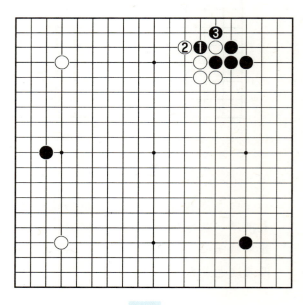

图 2

图 3

后续进行

此后白 1 如果重视右边，黑棋则看时机于黑 2 扳也很大。

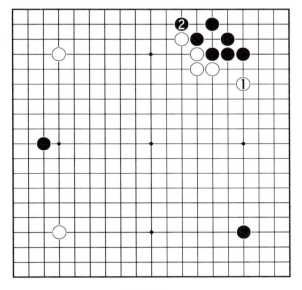

图 3

图 4

白棋重视上边

白棋如果重视上边，白 1 可以打吃，黑 2 拆边，以后白 A 提子，可以瞄着 B 位的打劫。

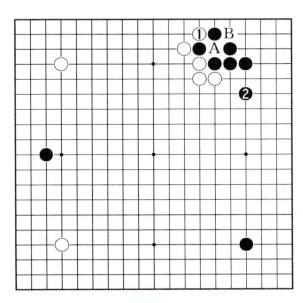

图 4

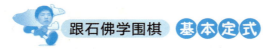

图 5

轻灵的手筋

黑棋如果不想将局面复杂化，黑1是轻灵的手筋，白2时，黑3飞或脱先抢占其他大场均很充分。

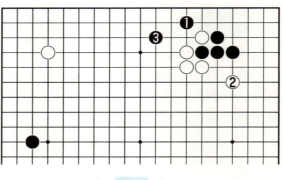

图 5

图 6

白棋无理

黑1时，白2抵抗是白棋无理，黑棋以下进行后，黑棋实地太大，白棋不满。

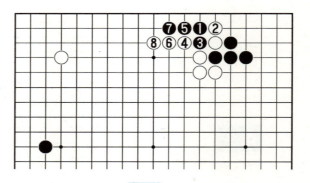

图 6

图 7

其他下法

白棋如果执意要在上边下棋，白2挡也可考虑，不过有被对方利用的可能，黑3渡过后，黑棋可下在A位或其他大场。

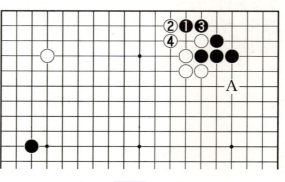

图 7

13. 高手的下法

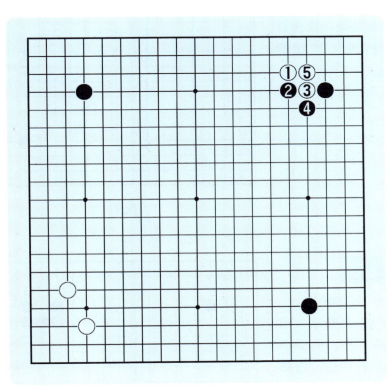

白棋征子有利时，图中的白棋下法是高手常用的下法，次序虽然有点复杂，但也要掌握，这样才不会被高手欺负。

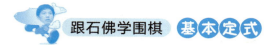

平常的进行

黑1连接是最平常的进行。此后的进行有点复杂，现在首先分析黑1连接的情况。

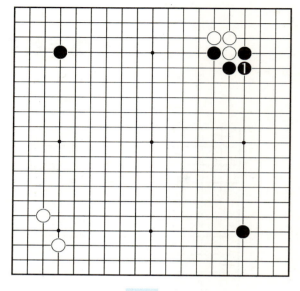

图1

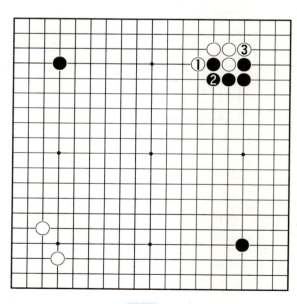

后续进行

白1打吃后，白3在角上挡，由于事关根地的要所，白棋如果不挡，将十分困难。

图2

图 3

黑棋连扳

此后黑 1 扳，白 2 扳时，黑 3 连扳。业余棋手总是不敢连扳，其实没有必要害怕。

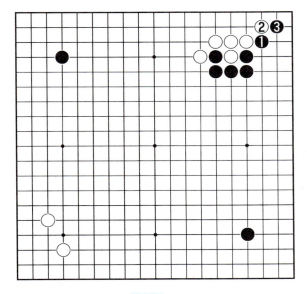

图 3

图 4

双方均无不满

此时白 1 打吃后，白 3 可以连接，黑 4 打吃，白 5 展开时，黑 6 展开，双方均无不满。

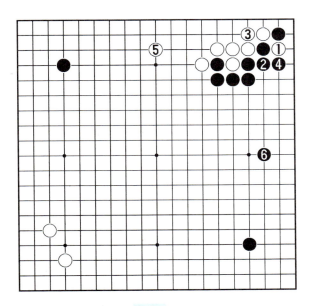

图 4

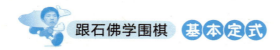

图 *5*

白棋作战困难

白 1、3 打吃是白棋的贪心，黑 4 断是好棋，白 5 打吃后，白 7 提子。白 7 如果下在 A 位，黑 B 断后，白棋不好应。

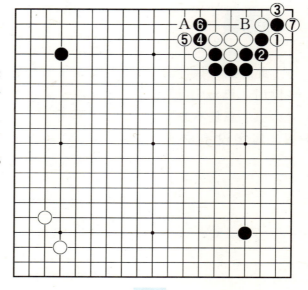

图 5

图 *6*

黑棋困难

黑 1 挡，很可能出现复杂的变化，如非紧急情况一般不要这样下，以下进行至白 8，黑棋三子成为浮棋，黑棋困难。

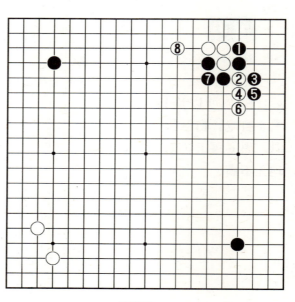

图 6

14. 引征的利用

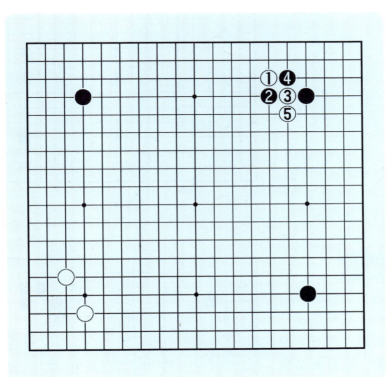

　　白 3 挖是在白棋征子有利时的定式下法。白棋在对征子有信心的情况下，将局面引向复杂，此时黑棋难道只能甘心受损吗？

图 *1*

干净的下法

黑1连接是消除
纷乱的干净下法。

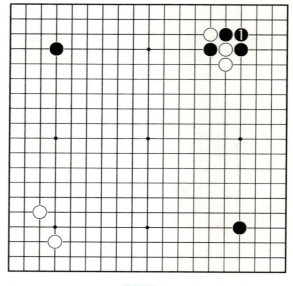

图1

图 *2*

白棋优势

白1征吃黑棋一
子时，黑2展开，白
3提子，是避免引征
的干净下法。

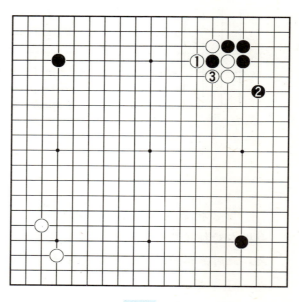

图2

图 **3**

白棋活跃

　　黑 1 反击也可考虑，白 2 则从内侧打吃，后续进行见下图。

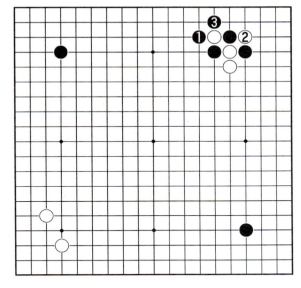

图 3

图 **4**

黑棋受损

　　白 1 打吃，黑 2 必须连接，如果下在 A 位则黑棋无理。白 3 取角后，原先黑棋的角地变成了白棋的角地，黑棋受损。

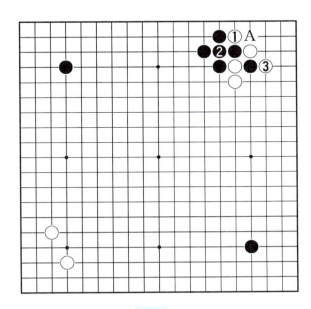

图 4

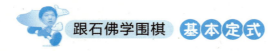

图 5

征子的考虑

白棋如果征子不利，白1长的下法可以考虑。

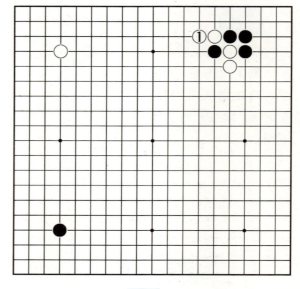

图 5

图 6

黑棋有利

黑1单跳也不坏，以后白6吃黑棋一子时，黑7补棋，角上的黑棋越来越大，黑棋有利。

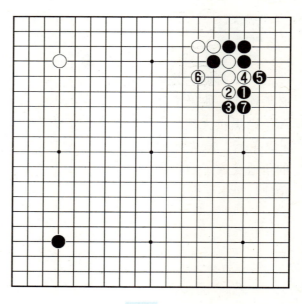

图 6

15. 可怕的二间夹

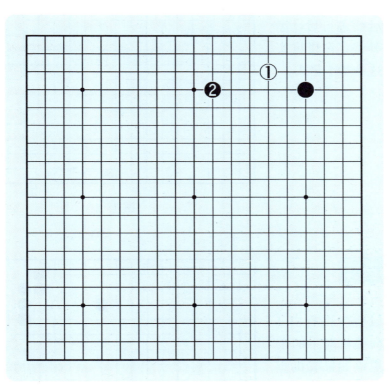

二间夹攻是最近很流行的一种定式下法，攻击性的味道很浓。尽管二间夹攻来势凶猛，其实并不可怕，只要分析仔细，应对得当，反而会取得好的结果，请见以下分析。

图 1

白棋进角

白棋直接于白1进角，不让局面复杂化，后续进行后，黑棋得外势，白棋得实地，这是基本定式。

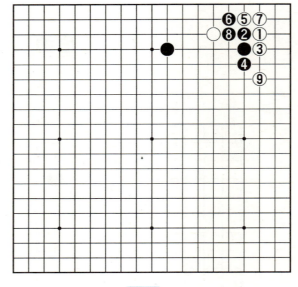

图 1

图 2

白棋的意图

以后白棋有白1贴，问黑棋应手的余味，黑棋如果有机会在白1贴之前，应先于A位压制白棋。

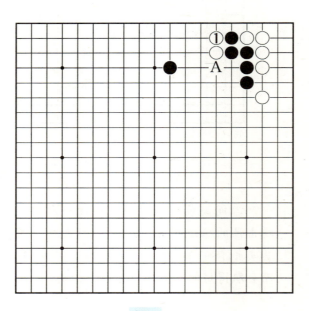

图 2

图 3

黑棋的意图

黑 1 也可以逼攻，问白棋的应手，白棋必须在 A 或 B 位补棋，否则黑 C 点后，角上白棋的死活成问题。

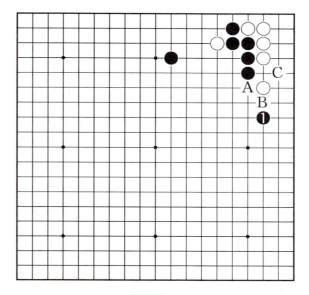

图 3

图 4

外势扩张的要点

黑 1 是扩张外势的要点，可以考虑，白 2 补棋，如果不补，黑棋下在 2 位后，白棋必须在 A 位补棋。

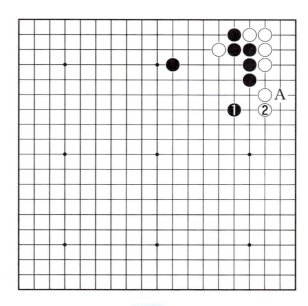

图 4

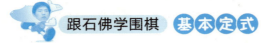

图 5

白棋的对策

　　白棋如果不想让黑棋扩张外势，白1跳是定式。其中白5飞虽然棋形上不是很舒服，但却是很有用的定式。

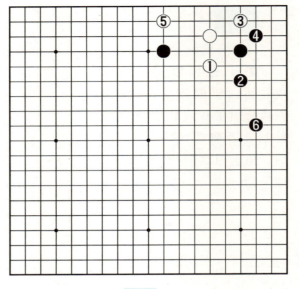

图 5

图 6

封锁的余味

　　黑棋如果有机会于黑1点，此后黑3靠是封锁白棋的手筋。

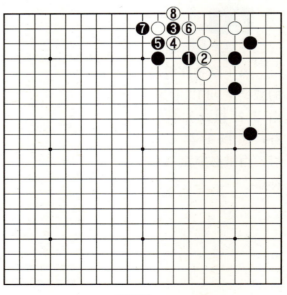

图 6

图 7

白棋的变化

图 6 中的白 6 如果下成本图中的白 1 抵抗，黑 2 打吃即可，这是因为当初黑 ▲ 点的位置很好。

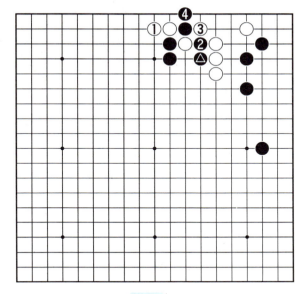

图 7

图 8

其他下法

黑棋为了攻击白 ▲，于黑 1 在外侧靠，虽然目的过于明确，棋形也不是很好，但确实可以切断白棋。

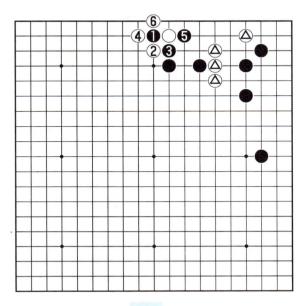

图 8

71

图 9

白棋略受损

黑 1 靠时，白 2 后退，与图 6 中的白棋提子相比，白棋略损。

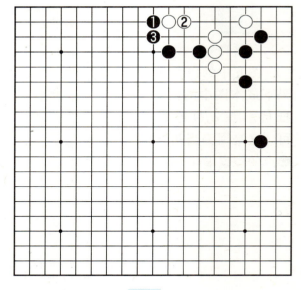

图 9

图 10

白棋厚势

白棋如果有机会，白 1 顶是很厚的下法，可以彻底限制黑棋施展手脚的空间。

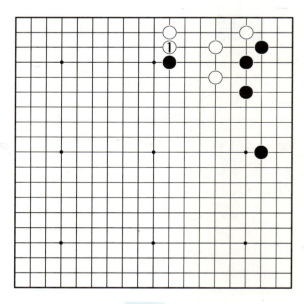

图 10

16. 白棋的计策——双飞燕

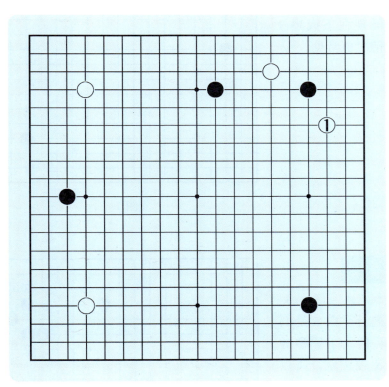

白棋双飞燕夹，可以诱导其他变化，但由于是双方轮流下棋，因此不大可能出现单方不利的棋形。

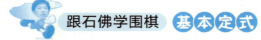

图 1

最近的倾向

如果按照以前下法，黑棋应在 A 位靠，但现在下成黑 1 靠的情况更常见。

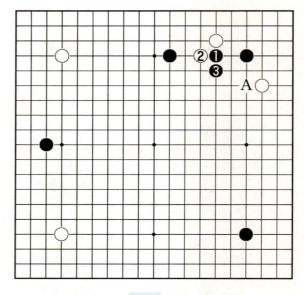

图 1

图 2

旧定式

进行至白 6 是旧定式，但由于黑△的位置比较尴尬，所以现在选择了图 1 的进行。如果黑△是在 A 位，黑棋能对白棋形成压迫，黑棋的进行更顺畅。

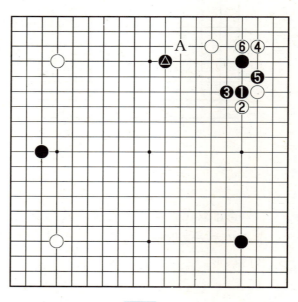

图 2

图 3

图 1 的继续

白 1 弃边占角是白棋的变化，此后白 3 渡过，黑 4 取实地是好棋，这仍是最近的常见下法。

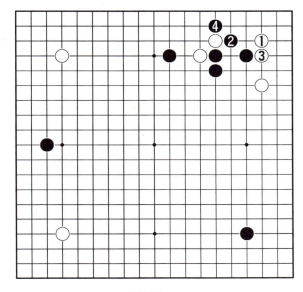

图 3

图 4

黑棋脱先

图 3 中的黑 4 如果脱先，白 1 连接十分严厉，黑 2 切断时，白 3 挺头，以后谁攻击谁还不好说。

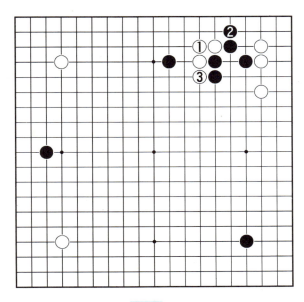

图 4

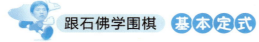

图 5

其他定式

白 1 进角的下法也可考虑，此时黑 2 在右边挡是好棋，以下进行至黑 8，黑棋可以攻击右边白棋一子，而白棋则得到了实地，黑白双方均无不满。

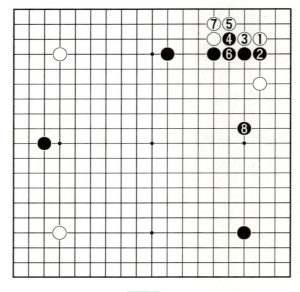

图 5

图 6

黑好

白 1 如果长，黑棋应无条件于黑 2 挡，白 3 继续冲，黑棋则跟着长，结果是黑棋的实地大，黑棋充分。

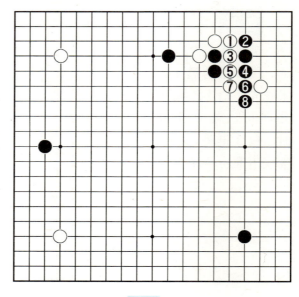

图 6

17. 流行定式——一间夹攻

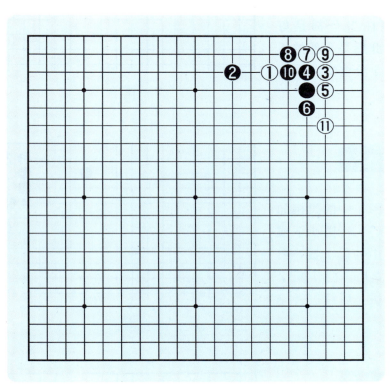

　　黑 2 一间夹攻是韩国职业棋手特别常用的下法，曹薰铉老师一度非常喜欢这一下法，现在也时常采用。

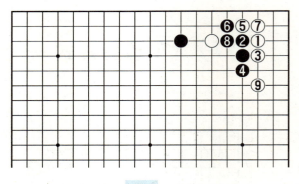

图 1

基本型

白1点三三进角，不管是在过去，还是在当今都是好棋。此后是当然的下法，十分重要。

图 1

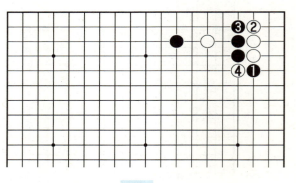

图 2

黑棋惹祸

图1中的黑棋如果贪心，将黑4下成本图中的黑1扳，白2下立后，白4断十分严厉，后续进行见下图。

图 2

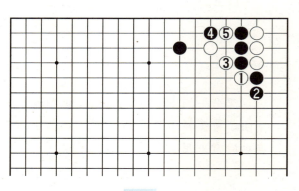

图 3

黑棋受损

此后黑2不得不长，白3扳后，黑棋困难。黑4试图出逃，白5挖后，黑棋受损。

图 3

图 4

白棋受损

黑 5 时，白棋如
果随手下出白 6、8，
是无理棋，白棋明显
受损。

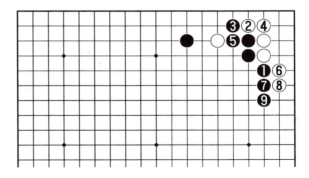

图 4

图 5

白棋的应对策略

白 1、3 扳接后，
白棋如何下，应认真
考虑。

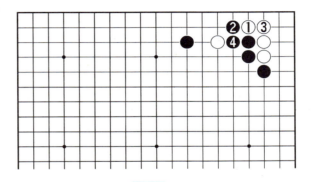

图 5

图 6

黑棋受损

此后白 1 夹是手
筋，此时黑棋如果于
3 位下立是蛮干，只
能于黑 2 连接，白 3
则可以渡过，黑△无
形中变成了恶手。

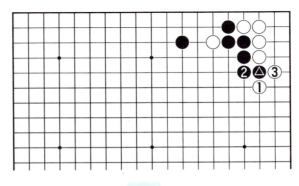

图 6

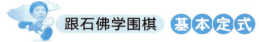

图 7

扩张外势

黑棋如果想扩张外势，黑 1 飞可以考虑，白棋则可于白 2 补棋。

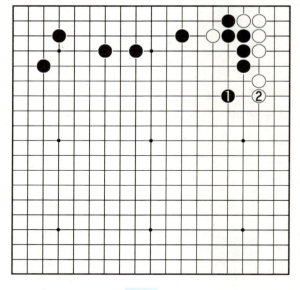

图 7

图 8

黑棋的手段

黑△时，白棋如果不应，黑棋则有黑 1 靠的手段。

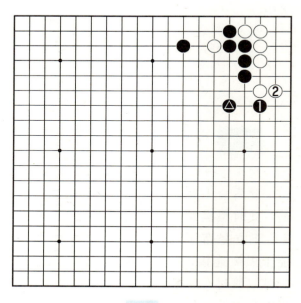

图 8

图 9

白棋的意图

白△逼攻，以后白棋有白1贴下的强力手段，黑2如果阻断，白3可以轻松渡过。

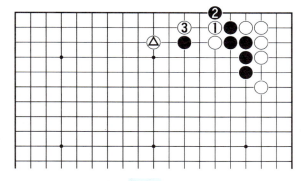

图9

图 10

黑坏

黑1扳也有可能，但以下进行至白6，黑棋的棋形多少有点重复。

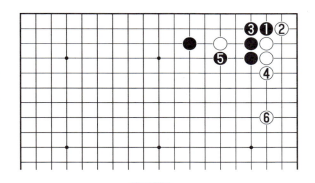

图10

图 11

其他变化

本图的进行仍是定式，白4单跳时，黑5与白6进行交换。

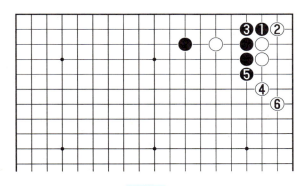

图11

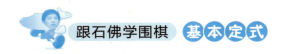
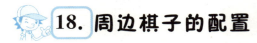

18. 周边棋子的配置

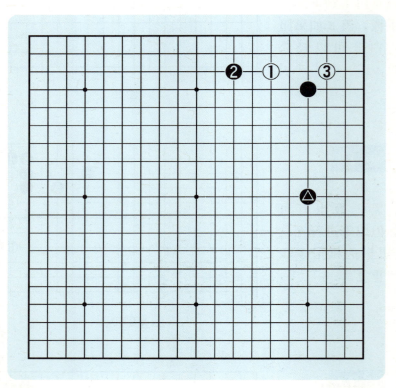

同样是夹攻，但在有黑▲时，情况发生了变化。根据周边棋子配置情况，适时改变定式的选择是高手的下法。

图 1

周边棋子的利用

本图进行至白 9 是定式，但这一定式大家不必去记，因为白 9 出头后，黑△的位置比较尴尬，黑棋应选择更好的方向。

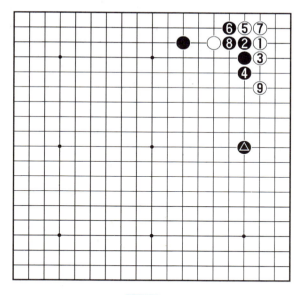

图 1

图 2

正确的选择

黑 4 挡，是黑棋考虑到黑△的正确选择，以下进行至黑 8，黑棋的右边十分宏大。

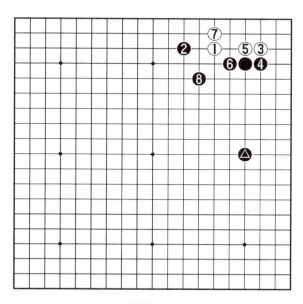

图 2

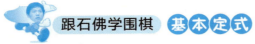

图 3

其他变化

图 2 中的白 7 如果下成本图中的白 7 下立也可考虑，这是比图 6 更重视实地的下法。

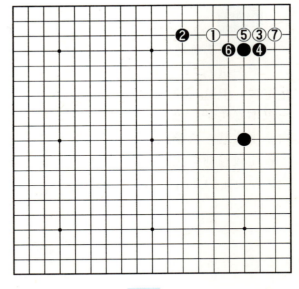

图 3

图 4

定型

本图下至黑 3 是定型，以后白棋有 A 位的官子，黑 B 挡则是大棋。

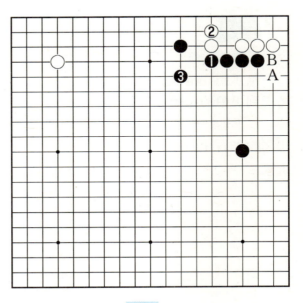

图 4

图 5

黑棋的其他下法

黑 1 挡的下法也可考虑，此时白 2 在左边拆，黑棋如果主动补 A 位的断点，可在 B 位补棋，本图中是黑 3 挂角。

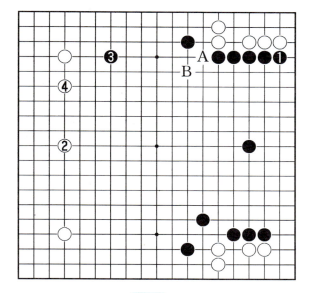

图 5

图 6

白棋的反击

白 1 的反击手段也可考虑，黑 2 冲后，黑 4 断是十分重要的次序。

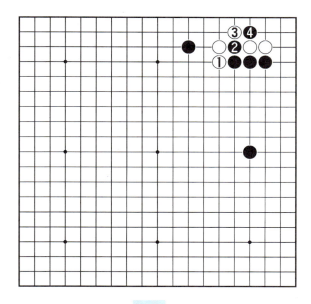

图 6

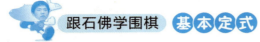

图 7

后续进行

此后白 1 打吃黑棋一子是当然的进行，黑 2 断后，黑 4 扳二子头，以下进行至黑 10，又还原成定式进行，不过现在已不常用。

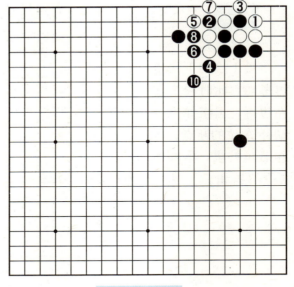

图 7 ⑨＝❷

图 8

黑棋不满

黑 1 断在外侧虽可考虑，但黑棋的立体化棋形被破坏，而且黑▲一子几成废子，A 位附近还成了白棋的先手权利，黑棋当然不满。

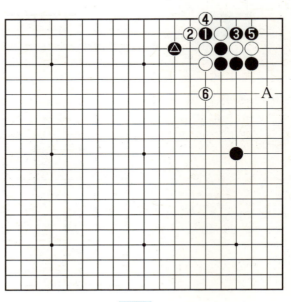

图 8

图 9

作战

图 7 中的黑 4 如果下成本图中的黑 3，黑棋可战，此后白棋为防备黑棋扳二子头，必须于白 4 长，黑 5 下立十分重要，后续变化见下图。

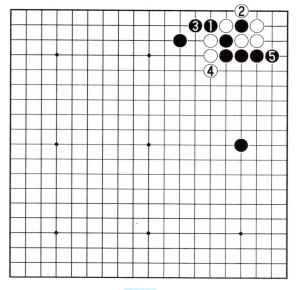

图 9

图 10

中腹战斗

此后白 A 如果挡角，黑 B 补棋后，双方告一段落。但白棋很可能先下在 C 位问黑棋的应手，以后中腹难免一战。

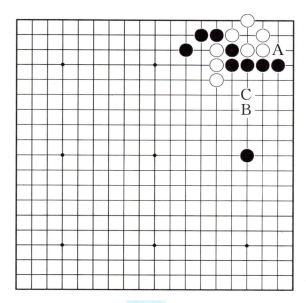

图 10

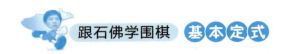

19. 缠绕战术

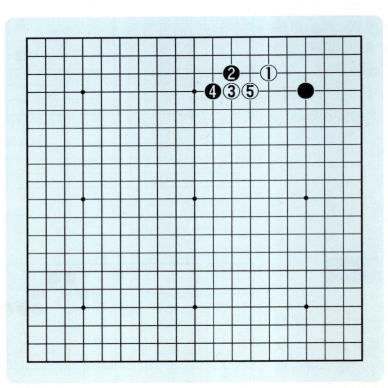

　　白棋为了不让黑棋取得外势，于白3出头，与黑棋展开缠绕战法，此时黑棋简单的应对方法又会是什么？

图 *1*

两翼展开

当白棋缠绕时，黑 1 扳，白 2 应后，黑 3 拆边，黑棋的意图是两翼展开，但白棋也不坏。

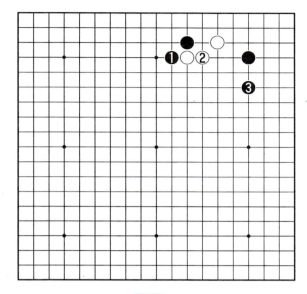

图 1

图 *2*

双方满足

此后白 1 断吃黑棋一子，白棋在黑棋的夹攻下，快速安定自己是不错的选择，而黑棋的两侧也进一步完善。其中黑 4 是应关注的次序。

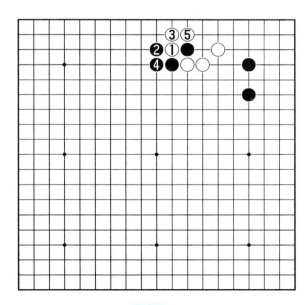

图 2

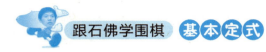

图 3

黑棋不满

图 2 中的黑 4 如果下成本图中的黑 4 挡，白 5 打吃后，黑棋有 A 位的断点，此时黑棋如果补棋则是后手，如果不补又留有断点，十分难受。

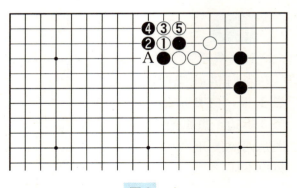

图 3

图 4

其他下法

白 5 先拐一手后，白 7 断的下法也可考虑，以后白棋有 A、B 方面的利用，而黑棋越来越厚，双方均无不满。

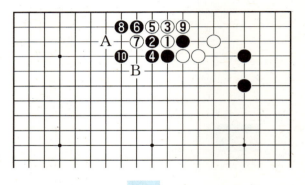

图 4

图 5

重视上边

黑棋如果重视上边，黑 1 虎的下法也可考虑，白 2 双飞燕夹，下至黑 3，是定式的一种，后续变化见下图。

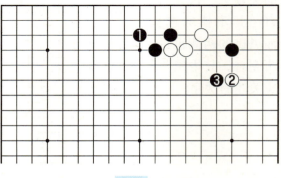

图 5

图 6

其他下法

白 1 双飞燕时，黑 2、4 靠退争取安定，下至白 7，结果是双方安定，这也是一种下法。

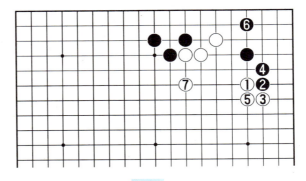

图 6

图 7

白棋被分割

黑棋如果不愿双方平稳进行，黑 1 可以将白棋的大龙一分为二。

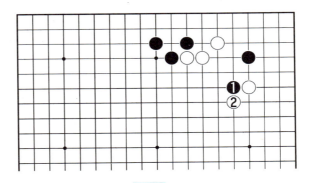

图 7

图 8

仍是定式

黑 1 退十分稳健，白 2 如果虎，黑 3 则跳，结果形成白棋占角，黑棋吃白棋三子的转换，这一进行仍是定式。

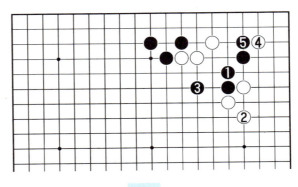

图 8

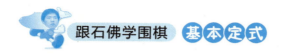

20. 长的下法

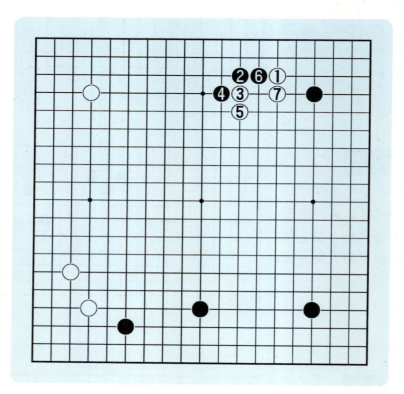

白3时，黑4扳，此时白5采用了长的下法，这一下法一度是本人与曹薰铉老师的常用定式。

图 1

基本型

黑 1 补棋是最平常的下法，白 2 下立是好棋，黑 3 补棋，这一进行是定式的基本型。

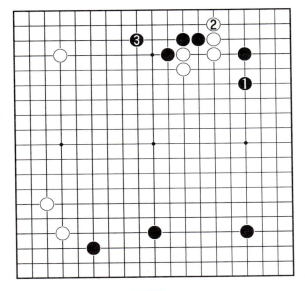

图 1

图 2

白棋安定

此后白 1 掏角，以下进行至白 7，白棋获取安定，黑棋获得先手后，可以抢占大场或在 A 位方面发展。

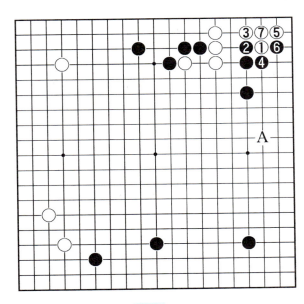

图 2

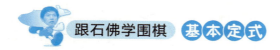

图 3

黑棋无理

白 2 补棋时，黑 3 守角是黑棋无理，此时白 4 断，十分严厉。

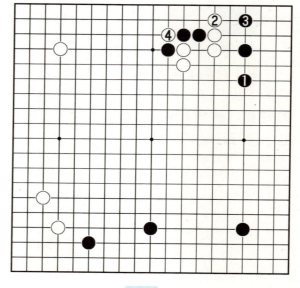

图 3

图 4

双方难下

白 2 点后，白 4 攻击，以后双方都不好下（其中黑 3 也可能下在 A 位）。

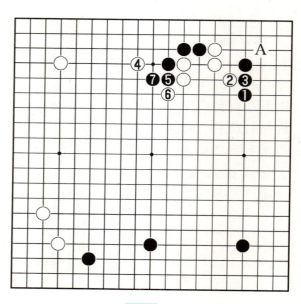

图 4

图 5

温和的下法

黑 2 长是温和的下法，白 3 跳也十分温和，黑 4 同样补棋。

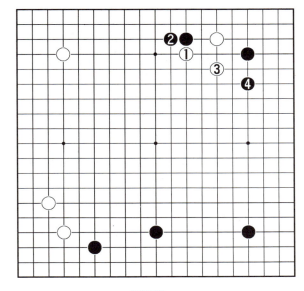

图 5

图 6

后续进行

此后白 1 压，白 3 顶，白棋进行整形，以下进行至黑 6，双方获取安定，均无不满。

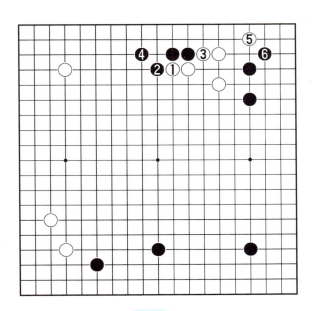

图 6

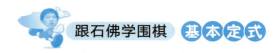

21. 韩国型定式

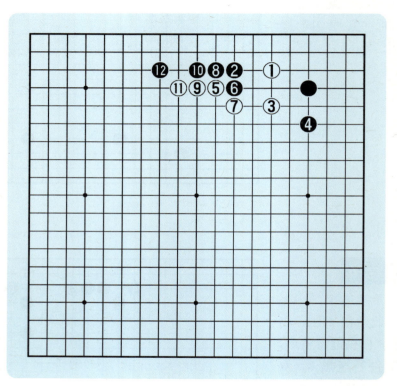

　　本图中的定式是曹薰铉九段以及刘昌赫九段常用的定式，其他韩国棋手也经常使用，因而被称为"韩国型定式"，定式的进行多少有点复杂，但是很有味道，现在我们对此定式进行分析。

图 1

初始进行

白 1 挂角时，黑 2 夹攻，白 3 跳，黑 4 则补棋，后续进行见下图。

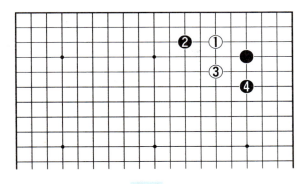

图 1

图 2

白棋恶手

此后白 1 飞是恶手，基本定式中白棋应在 A 位拆，但现在因为黑△存在，白棋难以定型，而且没有点三三进角的余味。

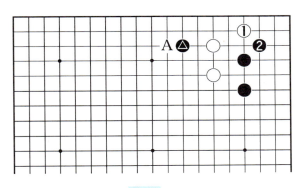

图 2

图 3

基本型

白棋不下在 A 位，而下成白 1 肩冲是本手，以下进行至白 7，白棋将黑棋压在低位，黑 8 时，白棋可以选择在 B、C、D 位补棋，最近的常用下法是在 B 位补棋。

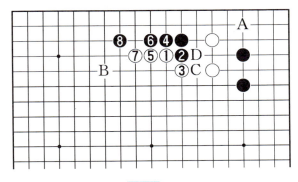

图 3

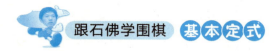

图 **4**

黑棋蛮干

黑1飞的下法也可考虑，但以后黑棋不下在A位，而于黑3挑衅是蛮干，白棋无须担心。

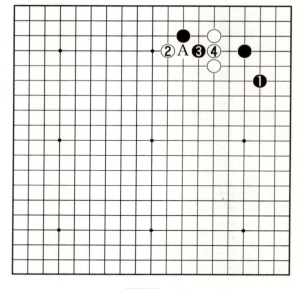

图 4

图 **5**

后续进行

此后白4长，黑棋被一分为二，需分别治孤，白6以后，白棋可以见合A和B位。黑▲如果是在C位，白棋有白B打吃的手段，黑棋同样不行。

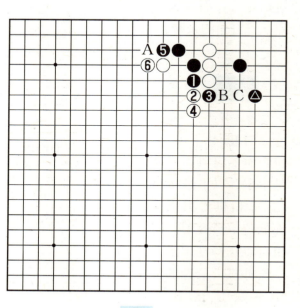

图 5

图 6

实战案例

本图是实战案例，黑棋在构筑大模样时，白棋破地。这一定式进行后，黑棋如不能充分利用厚势，很可能实地不够。

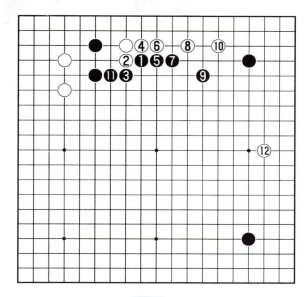

图 6

图 7

其他变化

白5肩封时，黑6是变化，此后白7长很厚。其中黑4下在 A 位也是常见下法。

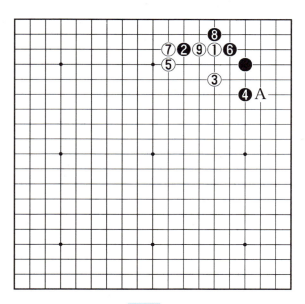

图 7

第  章

小 目 定 式

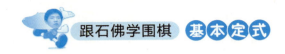

小　目

　　小目的特点是围地和取势兼备，在笔者看来，小目缔角后可以确保 10 余目实地。

　　图 1 是小目缔角后的棋形，在周边没有白棋的情况下，黑棋可确保 X 界线内的实地。为了防备黑棋利用小目缔角形成图 3 的强大势力圈，白棋一般会采用图 2 中的下法进行阻止，由此双方必然发生复杂的战斗。

　　由于围棋的对局时间越来越短，现在布局更多地是占星位。至于星位和小目到底谁更好，现在还没有定论。

　　小目的特征是：①可以保持外势和实地的均衡；②围绕缔角和阻止缔角，双方必然发生复杂多样的变化。

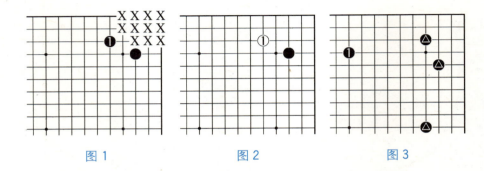

图 1　　　　　　　　图 2　　　　　　　　图 3

1. 秀策尖

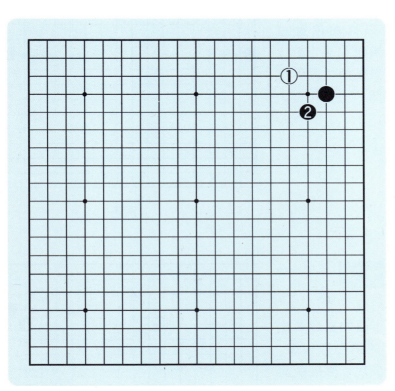

　　黑2尖被日本历史名人本因坊秀策认为是"19路围棋中唯一的好手"，这一下法至今仍被认为是好棋。

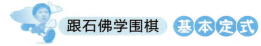

图 **1**

外势的急所

黑 1 的下法虽然也可考虑，但此后进行的黑棋的位置过低，黑棋如果下在 2 位，黑棋的位置不至于很低。

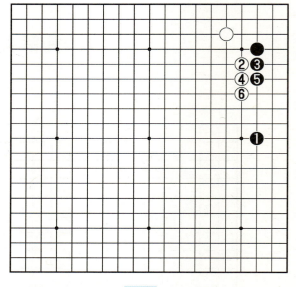

图 1

图 **2**

好形

本图的棋形要比图 1 的棋形好很多，黑 1 尖后，黑棋最起码不会被压制。

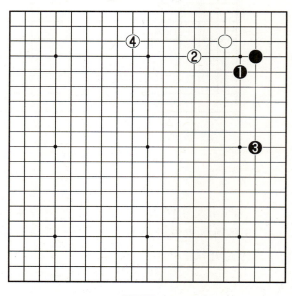

图 2

图 3

白棋的下法

白 2 补棋是一种下法，此时白棋如果不补棋，让黑 A 与白 B 交换后，白棋的棋形过低。此后白棋如果脱先，请见下图分析。

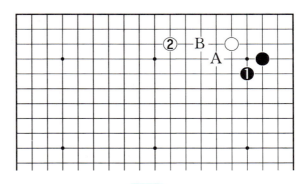

图 3

图 4

定式

此时黑棋于黑▲打入，白 1 使用缠绕战法，黑棋则可利用弃掉黑▲达到整形的目的，以后黑 A 还是先手。

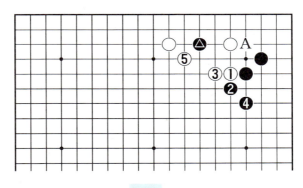

图 4

图 5

仍是定式

白 1 托时，黑 2 扳，以下进行至黑 8，白棋被切断，白棋看似受损，其实不然，请见下图分析。

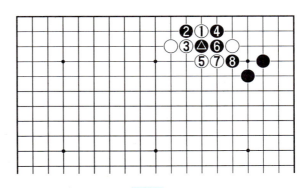

图 5

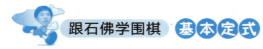

图 6

后续进行

此后白 1 下立弃子，以下进行至白 9 后，白棋如有机会，则有 A、B 位的利用，结果是黑棋取实地，白棋得外势，仍是定式进行。

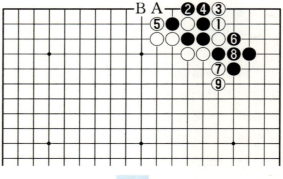

图 6

图 7

飞应

黑棋除尖的下法以外，还有黑 2 飞的应对手法，白 3 快速安定也是最常见下法。

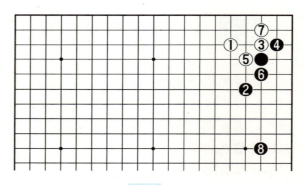

图 7

图 8

拆二应

黑 2 拆二的补棋下法也可考虑。以上的一系列下法，到底谁好谁坏，要根据当时的情况确定。

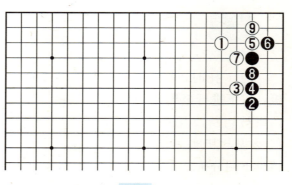

图 8

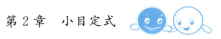

2. 三间夹攻

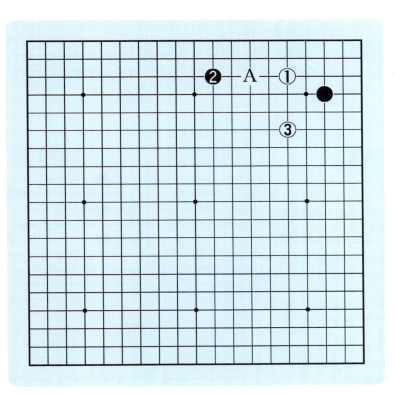

黑 2 三间夹攻，虽然比在 A 位夹攻距离远，但并不是不可以考虑的下法，三间夹攻主要是在保持布局的平衡时使用。

图 1

白棋的好手

黑棋远远地夹攻时，白1跳十分轻松，不仅棋形好，而且也是实实在在的好手，是中看又中用的好棋。

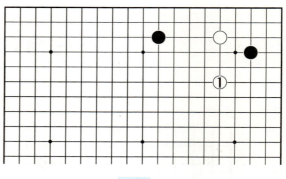

图 1

图 2

战斗

此后黑1补棋是普通的进行，白棋如果对进攻有信心，可以考虑于白2、4反击黑棋。

图 2

图 3

白棋先行安定

白棋在继续猛攻黑棋之前，先于白1、3获取安定是正确的下法。

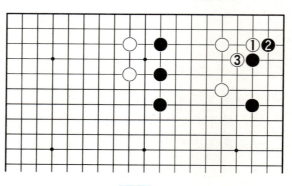

图 3

108

图 4

暂告一段落

黑 1 温和地长，白 2 生根，双方的进行暂告一段落。

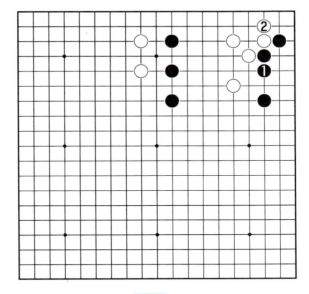

图 4

图 5

外势作战

白 1 肩冲，对黑棋保持高压态势的下法也可以考虑。白棋在不给黑棋太多实地的情况下可以考虑，当然白棋也有充分的利益期待，后续进行见下图。

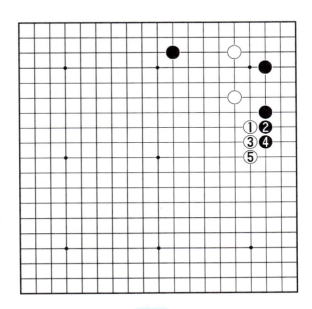

图 5

109

图 6

开始攻击

黑棋为了摆脱白 A 挡，于是黑 1 跳，白 2 先手与黑 3 交换后，白 4 将黑棋一子纳入包围圈。

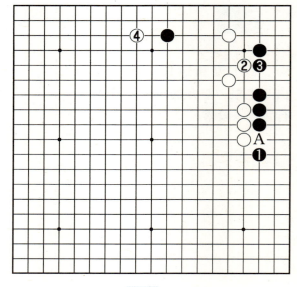

图6

图 7

黑棋脱先

白棋二间跳时，黑棋如果不补棋，白 1 封锁后，黑棋困难。黑 2、4、6 进行后，黑棋虽不至于死棋，但要想赢棋将非常困难。

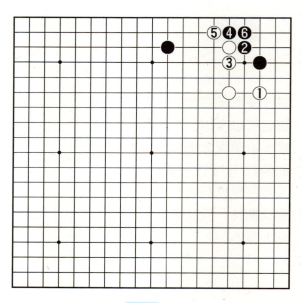

图7

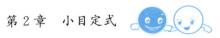

3. 二间高夹

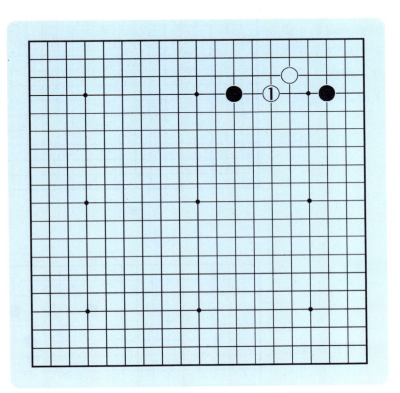

黑棋二间高夹时，白1尖是十分坚实的下法，其意图是不被黑棋攻击，并快速安定自己。

普通的进行

白△如果得以出头，黑棋以后要想攻击白棋很不容易，此后黑棋的应对手法虽有多种，但黑1是普通的下法。

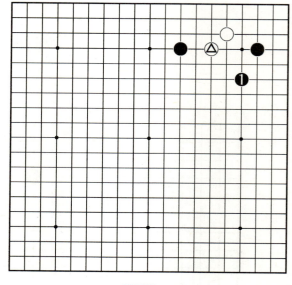

图1

图2

白棋生根

此时白2飞，白棋先确保根据地是好棋，如果让黑棋占有这一位置，白棋则成为浮棋，黑2拆边，黑棋同样安定自己。

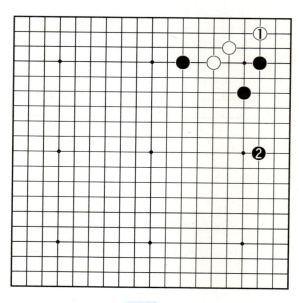

图2

图 3

靠的下法

白 1 靠的下法也可考虑，白棋的这一下法主要意图是定型。

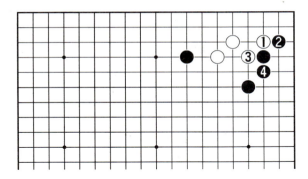

图 3

图 4

白棋的反击

黑 1 打吃，意思是让白棋在 A 位补棋，但白 2 反击是当然的进行，原因见下图。

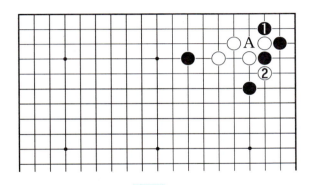

图 4

图 5

反击的理由

黑△打吃时，白 1 如果连接，黑 2 长后，白棋的棋形明显重复。

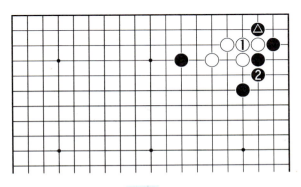

图 5

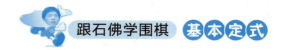
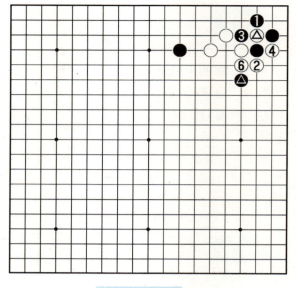

图 6

图 4 的后续进行

黑 1 利用先手时，白 2 反打是强手，以下至白 6 是唯一的次序进行，结果黑△几成废子，黑棋是偷鸡不成反蚀把米。

图6 **⑤**＝△

图 7

平常的进行

黑 3 长是平常下法，白 4 下立也是好的棋形，这一进行双方均可接受。

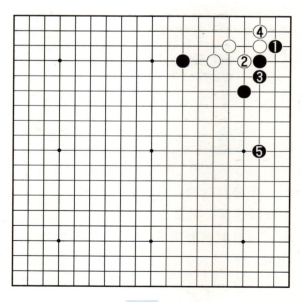

图7

114

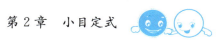

4. 最快速安定

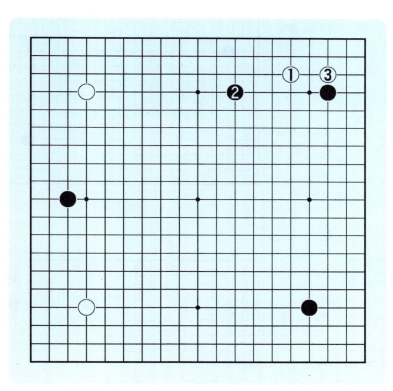

　　白 3 进角，意思是不想招惹是非，快速安定自己，黑棋如果让白棋如此轻松安定，感觉上有点不爽。

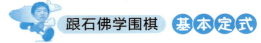

图 **1**

白棋活棋

黑 1 如果挡，白 2、4 整形后，白棋已基本活棋，没有后顾之忧。

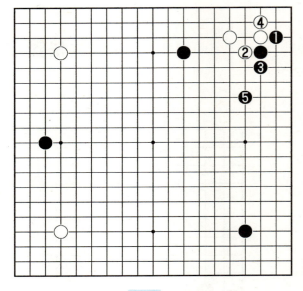

图 1

图 **2**

常见的场面

白 2 虎时，黑棋不在 A 位长，而于黑 3 打吃，这是我们经常可见的棋形，这也与我们以前所学的棋形相似，感觉上还是上图略好。

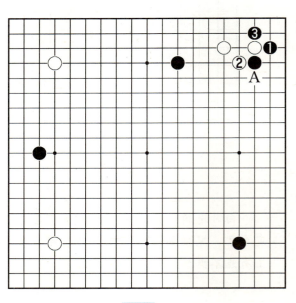

图 2

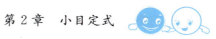

图 3

白棋不好

此后白 2 如果连接，白棋变成了葡萄串，效率不高，棋形不好。

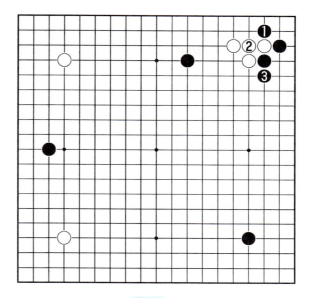

图 3

图 4

当然的下法

黑△打吃时，白 1 反击是当然的下法，黑棋虽可先手利用，但在气势上白棋并不吃亏。

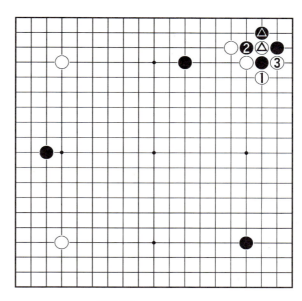

图 4　❹＝△

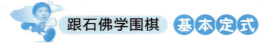

图 5

打劫

图 4 中的黑 4 提子是当然的下法，此后白 1 打吃时，黑 2 如果打吃，白 3 提劫后，黑棋不好下，白棋可以万劫不应。

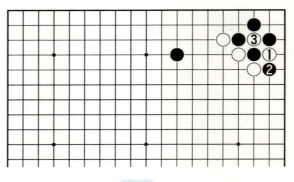

图 5

图 6

图 4 的继续

白 1 如果在外侧补棋，黑 2、4 渡过后，双方的进行暂告一段落，黑棋好下。

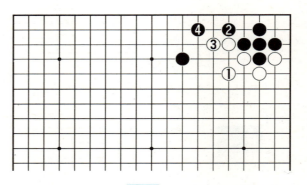

图 6

图 7

白棋苦战

白 1 尖顶，虽然也是定式，但黑棋不在 A 位长，而是于黑 2 下立，白棋将面临苦战。

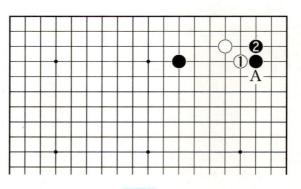

图 7

118

5. 孔雀东南飞

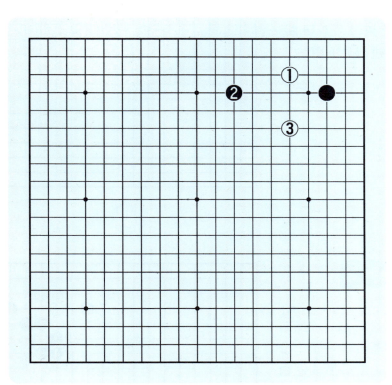

白 1 挂小目，黑 2 二间高夹时，白 3 二间跳，孔雀东南飞。熟悉并掌握黑棋的应对方法，用处很大。

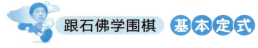

图 1

普遍下法

面对白棋的二间跳，黑棋的普遍下法是于黑 1、3 切断，后续进行见下图。

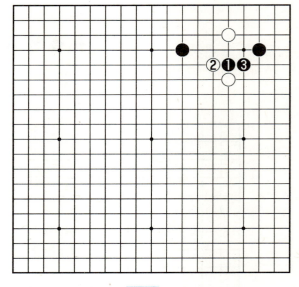

图 1

图 2

均势

此后白 1 退守，黑 2 断白棋一子十分重要，以后黑 6 吃白棋一子时，白 7 吃黑棋一子。

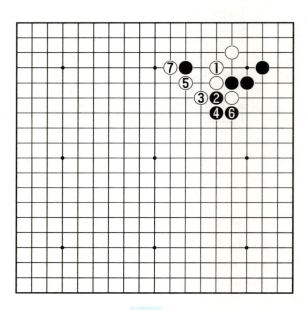

图 2

图 3

黑棋反击

黑 A 吃白棋一子时，白 B 也会吃黑棋一子，但黑棋有黑 1 的反击手段。

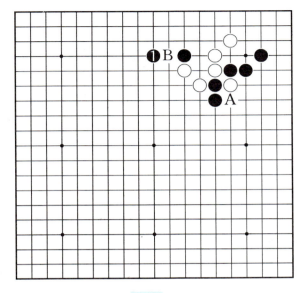

图 3

图 4

此消彼长

黑△跳时，白 1 跳是手筋，此时黑 2 取实地是平常下法。

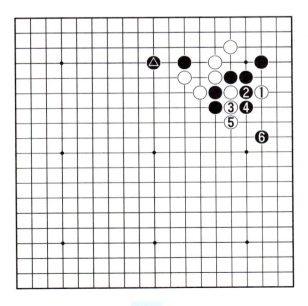

图 4

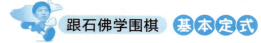

图 **5**

肋下攻击

黑棋有黑1肋下攻击的手段，此后黑3挡，可确保角地。

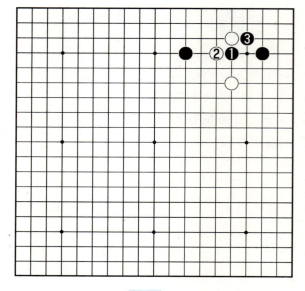

图 5

图 **6**

实地对外势

白1打吃是手段，此后白3向中腹跳很好，黑4打吃也是大棋，双方形成外势对实地的局面。

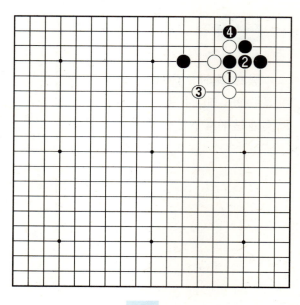

图 6

 # 6. 小飞对一间高挂

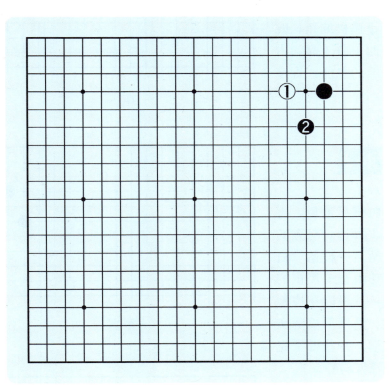

白1一间高挂，意图是不让黑棋取外势并阻止黑棋缔角，黑2小飞，压制白棋。

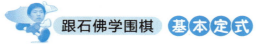

图 1

靠的下法

白△挂小目的缘由是什么呢？其目的是阻止黑棋缔角，既然如此，白 1 靠，占根据地的急所，肯定不坏。

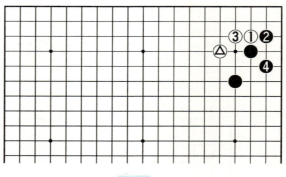

图 1

图 2

后续进行

白棋靠退后，再于白 1 拆边，双方的进行暂告一段落。白棋成功阻止了黑棋的缔角，并得以在边地整形，黑棋下成坚实的棋形，并获得了先手，双方均势。

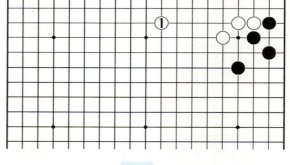

图 2

图 3

余味

黑 1 逼攻后，黑棋有 A 位打入的余味，因此白 2 为防患于未然，补棋。

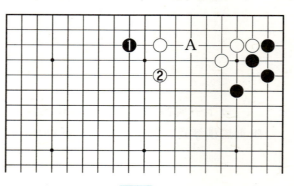

图 3

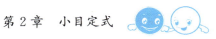

图 4

白棋麻烦

图 3 中的白棋如果不补棋，黑 1 打入后，白棋十分麻烦。其后黑 3、5 可以渡过。

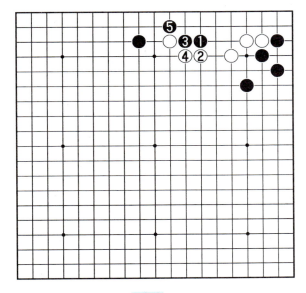

图 4

图 5

其他麻烦

黑 1 先手利用，也让白棋十分烦恼，尤其是黑棋可以与黑▲形成很好的呼应，白棋不舒服。

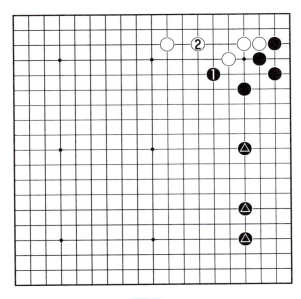

图 5

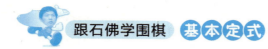

图 6

完全封锁

白 1 拆，虽然比拆在 A 位小，但可以完全封锁黑棋 B 位的先手利用。

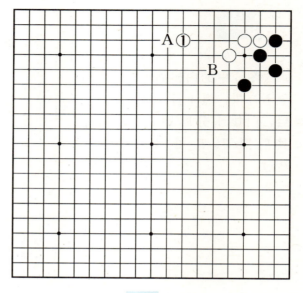

图 6

图 7

随机应变

白棋靠退后，黑棋视周边情况于黑 1 反攻，白 2、4 应后，白棋可以活棋。

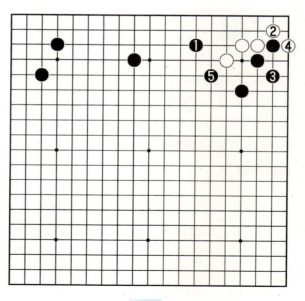

图 7

7. 简明的靠退

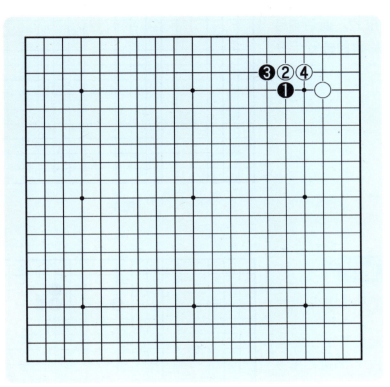

本图中白2、4靠退的下法，不论是职业棋手还是业余棋手都经常使用，双方都力求简明，不想在初盘阶段招惹是非。

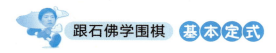

图 1

取地的手法

白 2 是取地的好定式，也是实战中常见的定式，此后白 4 退，后续的进行十分关键。

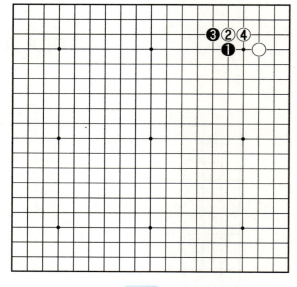

图 1

图 2

白棋实地对黑棋外势

此后黑 1 如果连接，白 2 拆边，黑 3 展开，告一段落。黑 3 如果不下，白棋可在 A 位方向攻击黑棋。

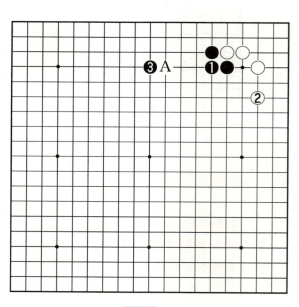

图 2

图 3

黑棋脱先

图2中的黑1如果脱先下在其他地方，白1、3进行后，白棋的棋形很好。

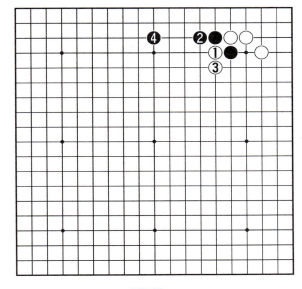

图3

图 4

虎的定式

黑1虎也是定式，这手棋比下在A位连接更有弹性，但缺点是有B、C位的弱点。

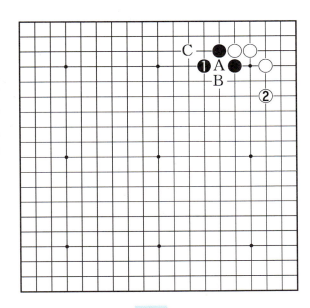

图4

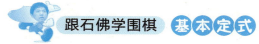

图 5

后续进行

既然现在黑棋已经虎了一手棋，在棋子的效率上考虑，黑1应拆得更大一点。

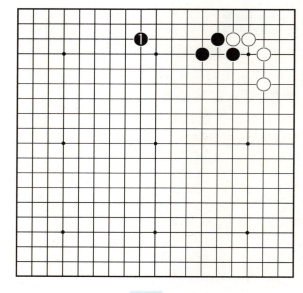

图5

图 6

白棋脱先

现在我们回过头来分析一下图2中白2脱先时，黑棋的应对策略。黑1即是正确的应对，白棋结果变成了鱼腩。

图 7

白棋破碎

图6中的白2如果下在外侧扳，与黑棋决一死战，但以下进行至黑7，黑棋的实地很可观，而白棋有支离破碎之感。

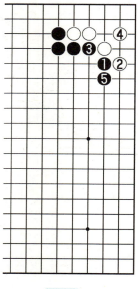

图6

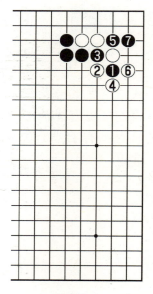

图7

图 8

随机应变

所有的定式也不可能适用于所有的场合，比如图中有白⊘时，黑1虎，白2攻击后，黑棋的感觉多少有点重。

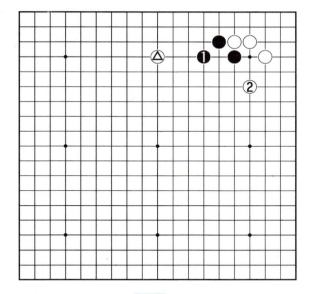

图 8

图 9

轻快的行棋

本图中的黑1跳，十分轻快，以后白A如果断，黑B可以征子。

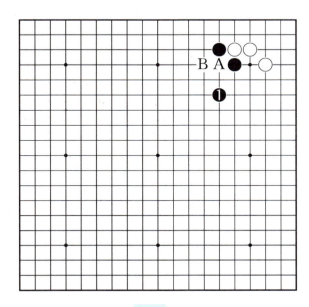

图 9

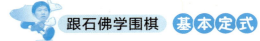

黑棋轻灵

黑△大跳，十分轻灵，是黑棋考虑了周边情况后的进行，此时白1断并不可怕，以下至黑4是平常的进行。

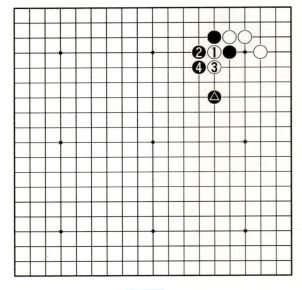

图 10

图 **11**

白棋失败

此后白1如果打吃，黑2下立后，黑棋可以见合4位和3位。白3、5抵抗后，白棋失败。

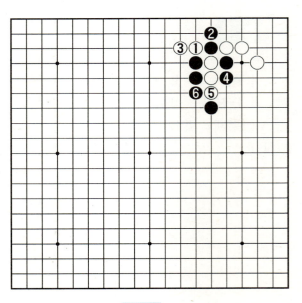

图 11

8. 强烈的诱惑

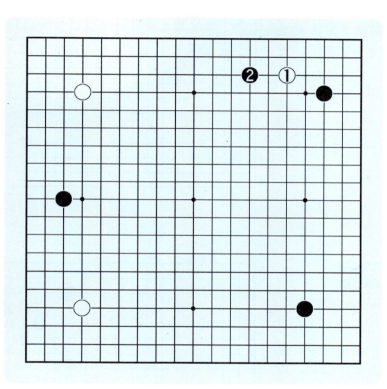

白1挂时，黑2一间夹攻是定式，在这一定式中黑白双方都应明白，必须放弃将对方逼入绝境的极端想法。这一定式进行十分紧凑，如果一着不慎，就可能酿成大错。

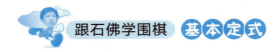

图 *1*

强力定式

白 1 挂时，黑 2
夹攻，白棋如果脱
先，黑棋下在 A 位或
B 位均十分强力，因
此白棋不能脱先。

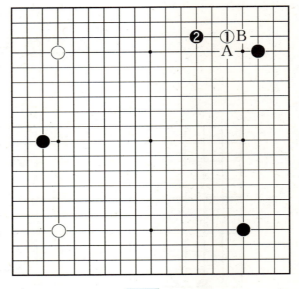

图 1

图 *2*

后续进行

此后白 1 飞，是
难手，也是易手，黑
棋如果在 A 位长，白
B 跟着长后，黑棋困
难。因此黑 2、4 反
击是当然的进行。

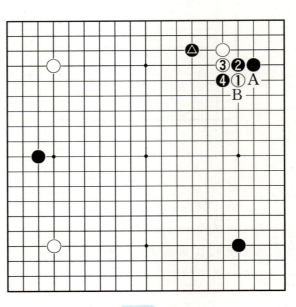

图 2

图 3

详细分析

　　我们分析一下黑1长的变化，白2跟着长后，白4夹攻，黑棋不舒服。黑棋应寻求更强力的手段。

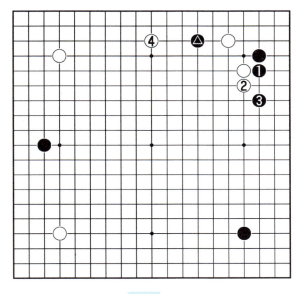

图 3

图 4

图 2 的后续进行

　　续图 2，白 1 打吃后，白 3 补断点是又简明又好的下法，以后黑 4 拐打，白 5 可吃黑棋一子。

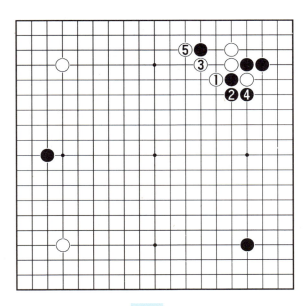

图 4

图 5

后续进行

此后黑棋如想扩张右边，黑1出头是急所，以下进行至黑7，右边的黑棋棋形越来越好，不过上边白棋的发展也很好。

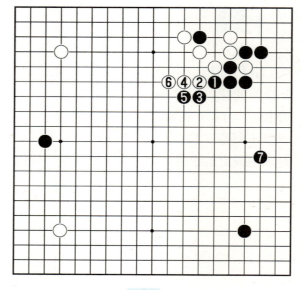

图 5

图 6

白棋困难

白棋不在 A 位打吃，而于白1长是用心不良，但黑2、4扳接后，两侧的白棋均需治孤，白棋困难。

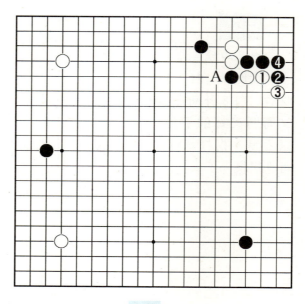

图 6

9. 减负作战

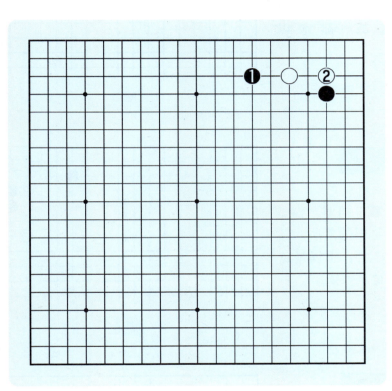

　　黑1夹攻，是黑棋对作战具有信心的表现，但白2快速安定自己，是减负作战的下法。

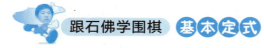

图 1

根的急所

白1靠是根的急所，此时不论黑棋如何作战，都难以如愿。

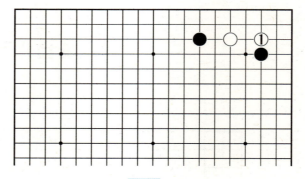

图1

图 2

白棋安定

黑1挡时，白2虎仍是根的急所，以后白6挡，不仅是急所，也是大场。

图2

图 3

退一进二

白2挺头，可以进一步威胁黑△，当初白△的退守则起到了退一进二的作用。

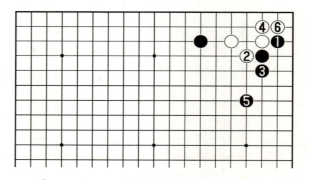

图3

图 **4**

黑棋冲动

黑 1 打吃是过于冲动的下法，其目的是想让白棋下成愚形，但白 2 有滚打的次序，黑棋的想法不能成立。

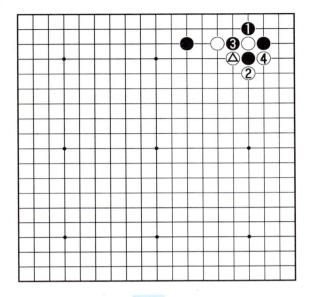

图 4

图 **5**

白棋负担重

图 4 中的白 2 如果下成本图中的白 2 连接，过于沉重，以后白棋要想治孤，十分费劲。

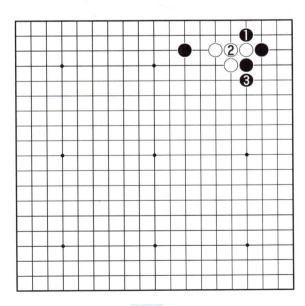

图 5

图 6

图 4 的后续进行

续图 4，此后黑 1 连接，白 2、4 可以整形安定。

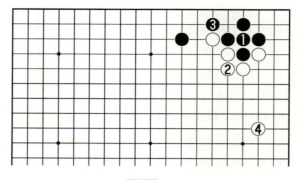

图 6

图 7

黑棋的封锁

白 1 靠时，黑 2、4 有封锁外侧的手段，其代价当然是将角地拱手相让。

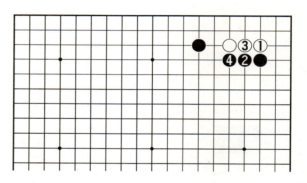

图 7

图 8

战斗

白 1 扳，与黑棋进行战斗。此后白 3、5 的次序十分重要，以下进行至白 7，战斗正式开始，双方都不好下。

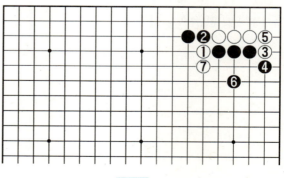

图 8

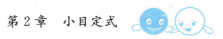

10. 白刃战

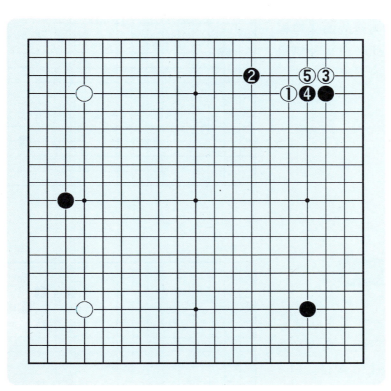

白1高挂时，黑2低夹，是欺负白棋，此时白3生根，意思是如果黑棋开战，白棋也当仁不让，因此战斗是必须的进行。

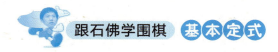

图 1

肉搏战的开始

白 2 靠时，黑棋补在 A 位比较温和，黑 3 肉搏战的味道很浓，此时白 4 补棋是必须的下法。

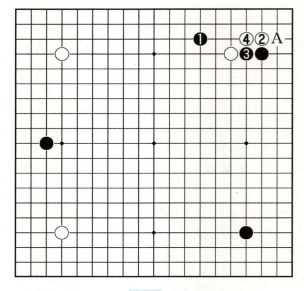

图 1

图 2

必然的下法

此后黑 1 断是必然的下法，当然不会考虑补在 A 位。白 2 扳是好棋，白棋在问黑棋的应手，黑 3 如果补棋，白 4 打吃又是好棋。

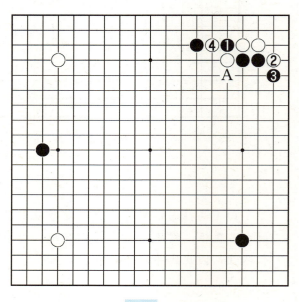

图 2

图 3

黑棋受损

黑1下立时，白2跟着下立是绝妙的次序，黑棋没有办法只好吃白棋两子，白棋也可吃黑棋两子，黑棋的角地变成了白棋，而且黑▲已成废子，黑棋受损。

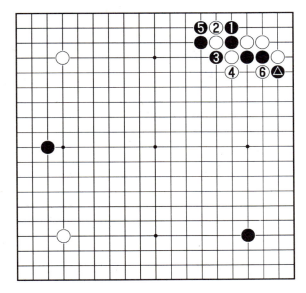

图 3

图 4

本手

因此黑棋不在 A 位补棋，而于黑1打吃，白2拐是本手，此时黑3下立仍是好棋。

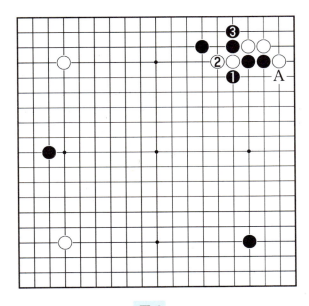

图 4

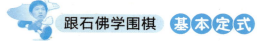
 图 5

妥协

此后白 1 寻求变化，黑 2 连接时，白3 虎，是定式的一种，黑 4 关门很厚，白棋则得到先手。

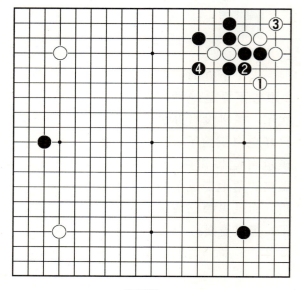

图5

图 6

无理棋

白棋不占 A 位的手筋，而于白 1 拐是无理棋，黑 2 补棋后，白棋治孤困难。

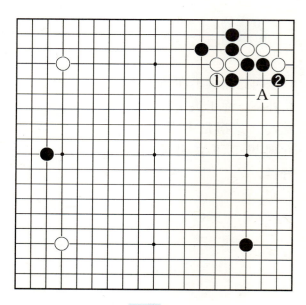

图6

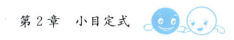

图 7

白棋失算

白 1 时，黑棋有黑 2 扳后，黑 4 打吃的下法，白 5 长，黑 6 时，白 7 打吃是没有意义的下法，白 9 以后，黑 A 如果取角，白棋也没有控制黑▲一子的好办法。

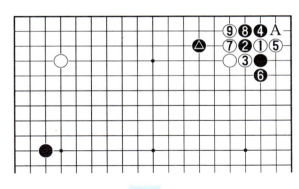

图 7

图 8

白棋扭断

白 1 扭断，并从外侧打吃黑棋，以下进行至白 5 打吃，然后白 7 压制黑▲，白棋的进行要比图 7 好，另外还有下图的余味。

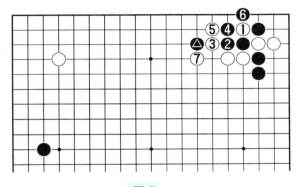

图 8

图 9

打劫

此后白 1 在角上拐，然后白 3 与黑 4 交换后，白 5 扑，白棋可以打劫。

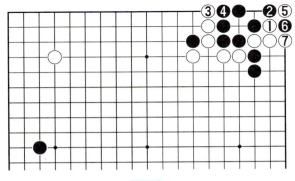

图 9

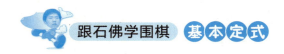

11. 虚虚实实的战法

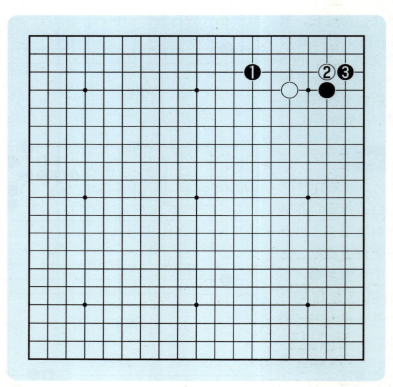

中国历史名著《三国演义》曾描写了诸葛孔明先生所设"空城计"这样的虚虚实实的战法，图中黑3即是此类战法。黑棋先是于黑1强攻，然后又于黑3温和补棋，很明显黑棋的下法中藏有陷阱。

图 **1**

谨慎下法

黑 1 补棋是十分谨慎的下法，明显是不想进行战斗，此后黑 3 虎，白 4 出头是好棋。

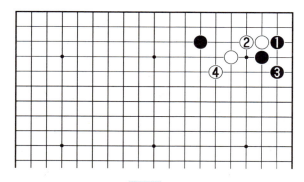

图 1

图 **2**

一幅风景画

黑 1 飞出，犹如神仙一样踏云而去，十分轻灵稳健，白 2 肩冲，正如仙鹤啄食一样，此后黑 3 单跳，一幅风景画一般的定式过程。

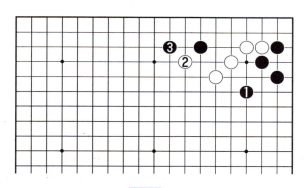

图 2

图 **3**

白棋的手段

此后白 1 冲，然后白 3 拐，白棋的下法不仅很稳健，而且很厚，黑棋以后无法继续攻击白棋。

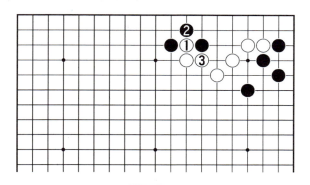

图 3

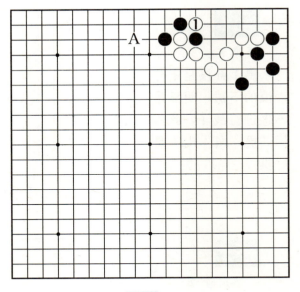

图 4

白棋活棋

黑棋由于没有好的手段，很可能会考虑脱先，于是白棋可以趁机于白1打吃黑棋一子，从而可以做眼活棋，以后白棋还有在 A 位攻击黑棋的手段。

图 4

图 5

黑棋方向错误

黑1长是方向错误，以下进行至白4，黑棋的目的不明确。

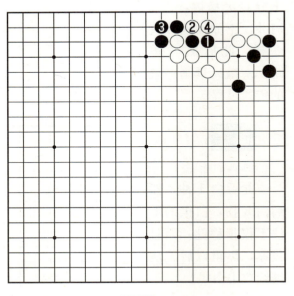

图 5

图 6

战斗的征兆

白棋也有不在 A 位挡，而先于白 3 断的下法，然后白棋利用白 3 的弃子，于白 5 打吃，后续进行见下图。

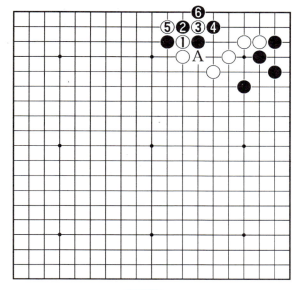

图 6

图 7

黑棋优势

此后白 1 长是好棋，黑 2、4 切断，以寻求变化，白 5 打吃时，黑 6 长是稳健的好棋，以后黑棋可以见合 A 和 B 位，黑棋优势。

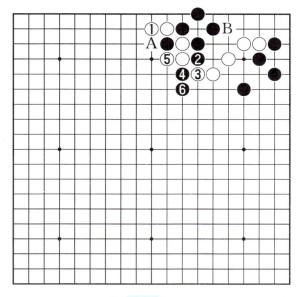

图 7

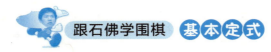

图 8

复杂的战斗

续图 6，此后白 1 征吃黑棋一子，黑 A、白 B 进行后，黑 C 切断，双方估计会发生复杂的战斗。

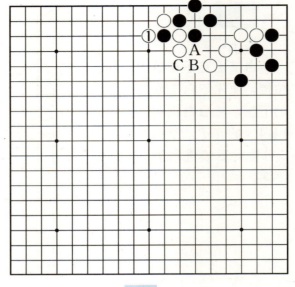

图 8

图 9

图 7 的变化

如果图 7 中的黑 6 下成本图中的黑▲作战，以后白 A、黑 B 进行后，白棋痛苦。这种复杂难下的定式，一定要避免受损。

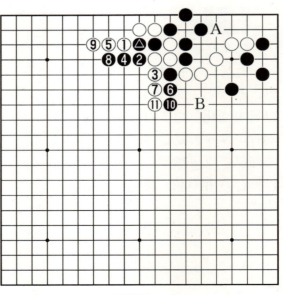

图 9

图 10

黑棋沉重

白△肩冲时，黑棋不下在 A 位，而下成黑 1 长，过于沉重。

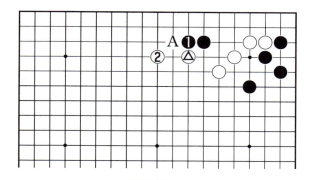

图 10

图 11

随机应变

黑棋如果重视上边，将在 A 位补棋的下法下成黑 1 拆边也可考虑，白 2 也采取攻击性态势。

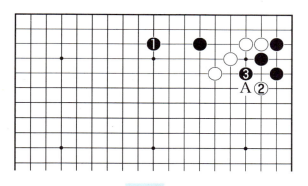

图 11

图 12

治孤的手筋

白 1 时，黑 2 是治孤的手筋，白 3 扳不得已，下至黑 6 跳，黑棋成功治孤，白棋得到了外势，黑棋的两侧均须治理。

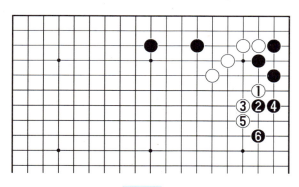

图 12

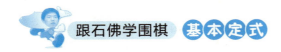

12. 曾经流行的定式

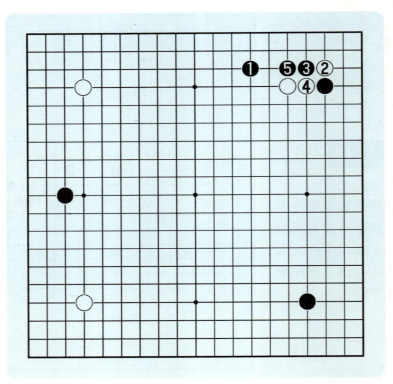

本图的定式是上世纪80年代末韩国的流行定式，其中黑1是曹薰铉老师爱用的下法，业余棋手也经常使用。

定式的流行总是风水轮流转，说不定哪一天本定式又会变成流行定式。

图 1

略有不同

白△时，黑棋虽然看到了白 2 的位置，但现在黑 1 扳的下法与原先的棋形略有不同。

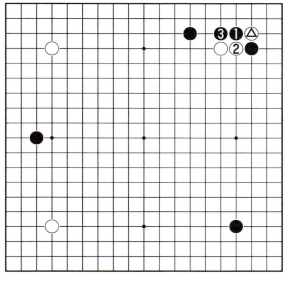

图 1

图 2

挖的手筋

现在白 1 挖是手筋，黑棋有 A、B 两种应对手段，我们先分析一下 A 位应的情况。

图 3

无须害怕

白△挖，多少有点让人害怕，其实大可不必。黑 1 打吃，白 2 长，然后黑 3 打吃，白 4 长，后续进行见下图。

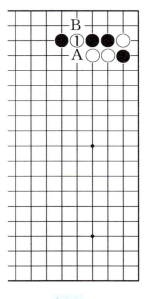

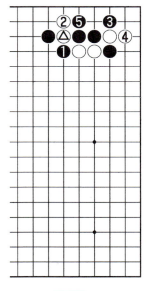

图 2　　　　　图 3

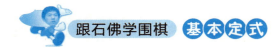

图 4

双方妥协

此后白1、黑2各自打吃后，双方均无问题。白3打吃后，演出宣告结束，出现了一个非常出色的定式。

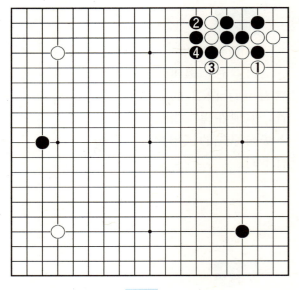

图4

图 5

征子

白棋如果征子有利，白1可以拐，黑2如果连接，以下进行至白5，白棋可以取角地，黑棋不满。以后黑6、8征吃白棋时，由于白△的引征作用，黑棋征子不成立。

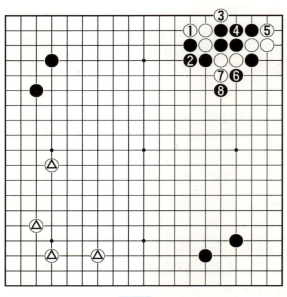

图5

图 6

变化成功

黑棋在目前的形势下，必须寻求变化，黑 1 如果长，白 2 救白棋两子，此后黑 3 取角，以后中腹的战斗估计会相当激烈。

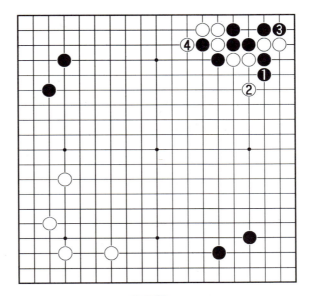

图 6

图 7

中腹战斗

假如黑 1 连接，以下进行至白 8 是必然的次序，以后中腹的作战将取决于双方的作战能力和周边棋子的配置情况。

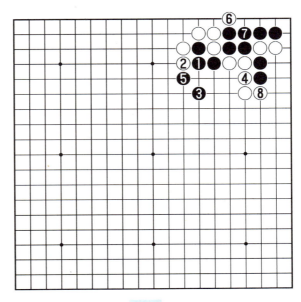

图 7

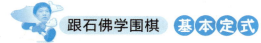

另一变化

现在我们再分析一下黑 2 打吃的变化，白 3 则可吃黑棋一子。

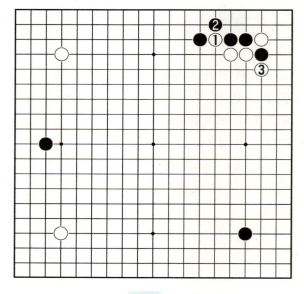

图 8

图 **9**

白棋不坏

以后黑 1 如果提子，白 2 同样提子，白棋成功掏得黑棋的角地，形势也不坏。

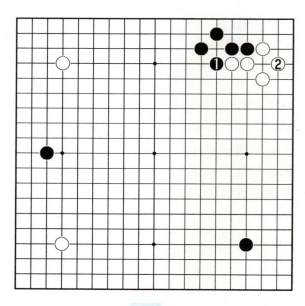

图 9

图 **10**

坚实的下法

黑 1 下立并不是蛮干，而是十分坚实的下法，白 2 连接时，黑 3 的下法必须牢记。

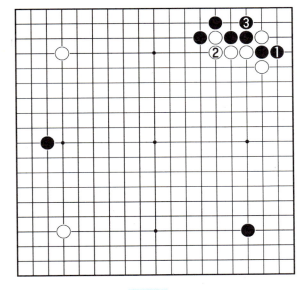

图 10

图 **11**

双方均势

白 1 挡后，白 3 压，然后白 5 拆边的进行也不错，结果是黑棋得实地，白棋得外势，双方均势。

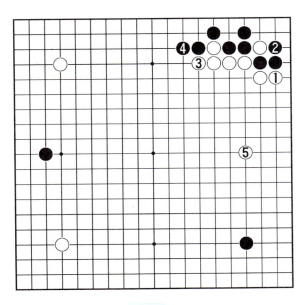

图 11

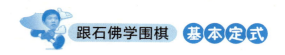

13. 星星一样的棋子

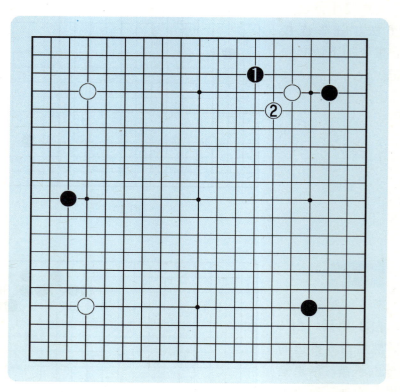

白2尖，白棋的棋子像星星一样飘在空中，攻击黑棋的步伐虽然较慢，但很多时候都是好棋。

图 1

白棋虎视眈眈

　　白△进行后，黑1如果拆边，白2、4则快速安定后，白6虎视眈眈地瞄着黑棋。我们常见的棋形是黑1下在A位。

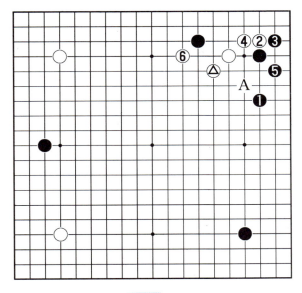

图 1

图 2

隐藏的含义

　　黑△与下在A位的不同点是，白2、4冲挡后，白棋很厚。

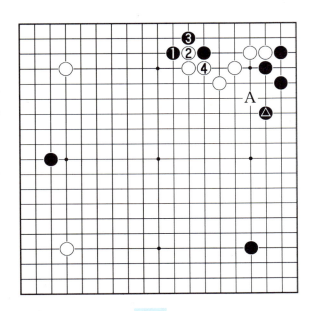

图 2

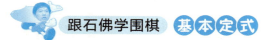

图 3

作战

黑 2 扳是黑棋的突然袭击，不过白棋也不用慌张，白 3、5 可以打吃。

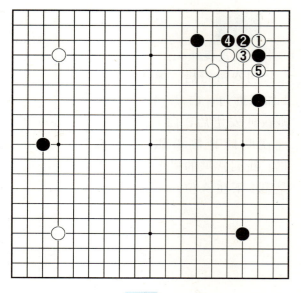

图 3

图 4

虚虚实实的手筋

此时白 2 正是诸葛孔明虚虚实实的战法，也是手筋，白棋看似没有直接应对，事实上却是应对的好棋，黑 3 如果不下，白棋则会下在此位，白 4 压制黑△后，双方仍是均势。

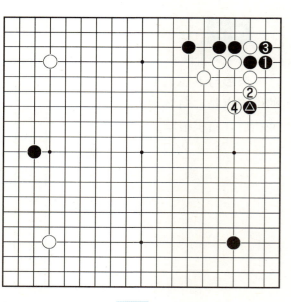

图 4

图 5

白棋被攻

图 4 中的白 4 如果不下，黑 1 可以攻击白棋，因此白 4 是不可缺少的急所。白棋之所以被攻，是因为白 2 没有下在 1 位压制黑棋一子。

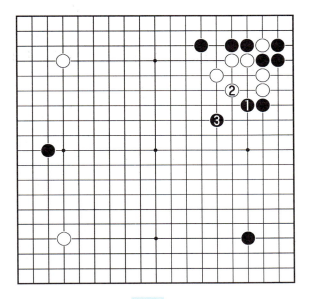

图 5

图 6

白棋不好

白 1 挡，黑 2 吃白棋一子，白棋的下法不好。此后白 3 补棋，以后白棋要吃黑△很不容易。

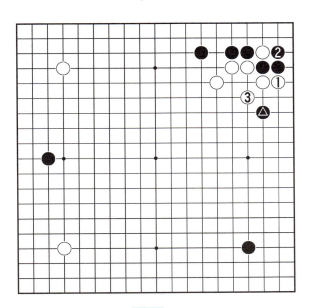

图 6

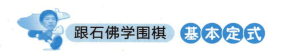

14. 拼死决战型

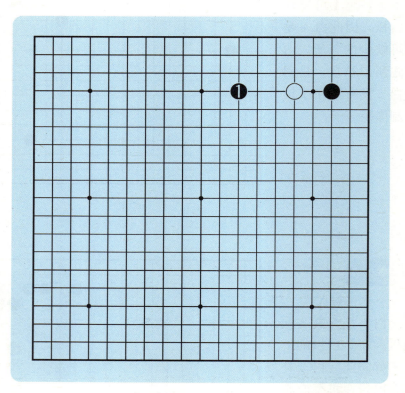

黑1的下法是抱着试试看的态度下出的棋，黑棋是不想让棋下得过于拥挤，以勇者无畏、力求最佳的精神去下棋肯定不会有问题。

图 *1*

力量型下法

黑▲是力量型棋手爱用的下法，此时白棋也毫不相让，于白1跳，白棋也很充分，黑2则补棋。

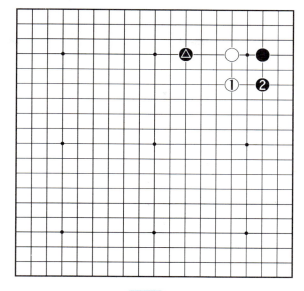

图 1

图 *2*

仍是定式

黑棋也有黑2补棋的下法，图1的定式中黑棋强调的是坚实，而本图中的黑棋重视的是边上的速度。

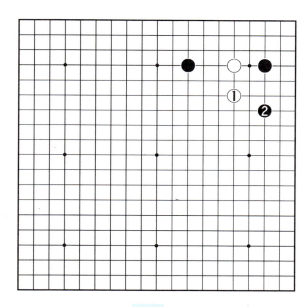

图 2

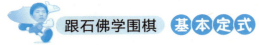

图 3

豪迈的战法

此后白1跳十分豪迈，然后白棋考虑到要攻击已处于孤立状态的黑△，先于白3生根。

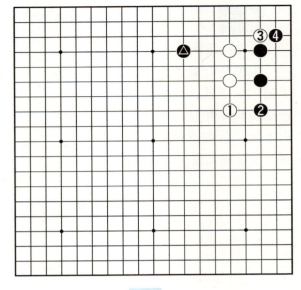

图3

图 4

更远的跳

白1也有向中腹跳得再远一点的下法，虽然不比跳在A位坚实，但白棋向中腹出头更快。

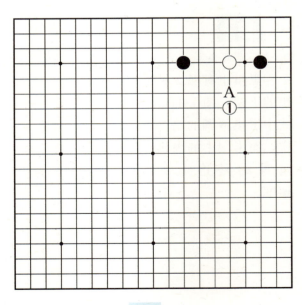

图4

图 5

黑棋稳健

定式的选择就像穿衣一样，各有所爱，各有所好，只要合身即可，但穿衣也要有原则，即夏天不能穿冬天的衣服，要与季节相符，定式的选择也一样，要与周边棋子的配置相协调。黑 2 是稳健的下法。

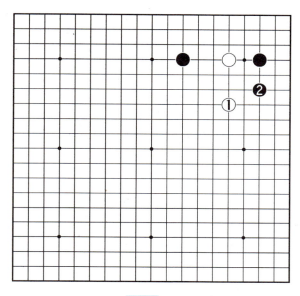

图 5

图 6

坚实的下法

黑⚫逼攻时，白棋必须要考虑到 A 位的断点，因此白 1 补棋十分坚实。

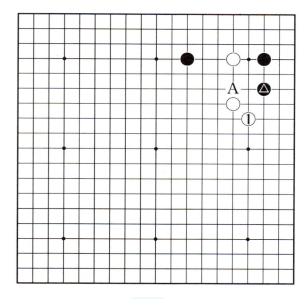

图 6

图 7

大战

本图是实战中发生的战斗案例，白3、5、7长后，白9夹攻黑棋。

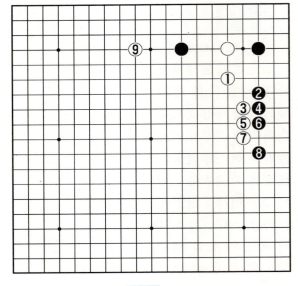

图 7

图 8

黑快白厚

图7中的黑8也有脱先，于黑1补棋的下法，以后白A挡的可能性很大，结果是黑棋的步调快，白棋得厚势。

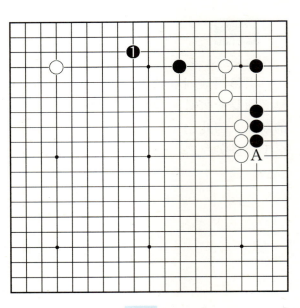

图 8

图 **9**

高空战斗

白△时，黑1、3切断的下法也可考虑，以下进行至白10，双方发生激烈的战斗。其中白4跳是手筋，值得大家牢记。

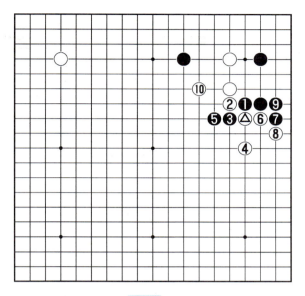

图 9

图 **10**

黑棋反击无理

图9中的黑5如果于本图黑2反击是无理棋，白3滚打是妙手，黑4必须提子，白5打吃后，不论黑棋是在△位连接，还是打劫，都比较难受。

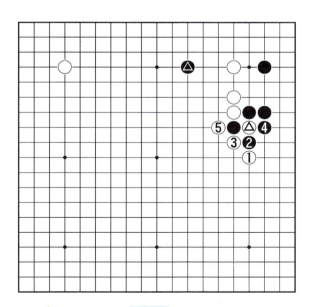

图 10

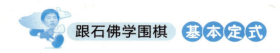

15. 拦腰斩断

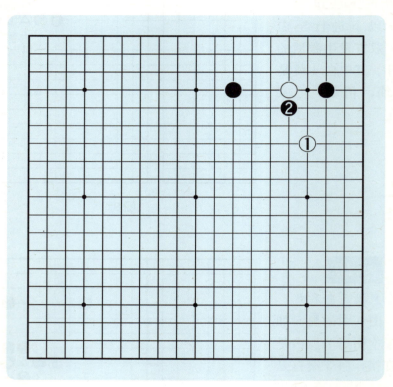

白1大飞的下法看似有点犹豫，但却十分有味道。因为白棋的这一下法包含多种变化。现在黑2切断，不仅有味道，而且让人感到有点乱。

图 1

黑棋切断

　　黑 1 时，白棋没有必要紧张，白 2 扳即可，不过白棋要意识到黑 3 的切断。

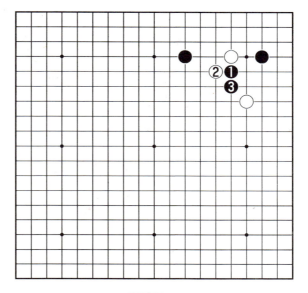

图 1

图 2

流行定式

　　本图中的进行是最近十分流行的一种定式。白 1 如果顶，黑 2 跳，白 3 挺头，黑 4 长，白 5 时，黑 6 补弱点，不过后面的进行有点难。

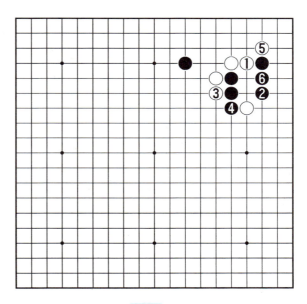

图 2

图 **3**

征子关系

白1长，白棋虽然在官子上占了便宜，但黑2断后，白棋困难。由于征子关系，白棋如果在初盘阶段就受损，很难继续往下走。

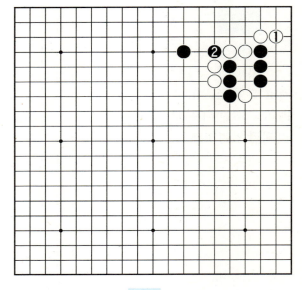

图 3

图 **4**

平常的进行

白1虎是最平常的进行，虽说是平常的进行，但并不一定坏，不管怎么说，围棋是由两人轮流进行的运动，只要实力相当，不可能一方好得太多。

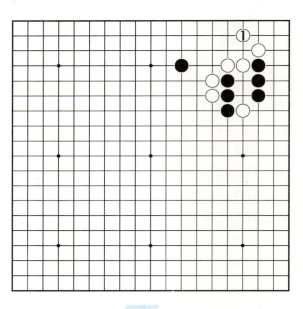

图 4

图 **5**

俗手

黑 3 回补是俗手，白 4 打吃后，黑棋十分痛苦，后续进行见下图。

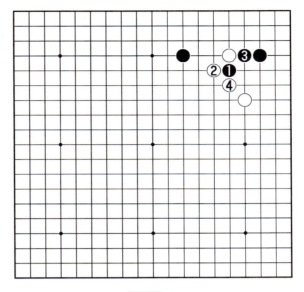

图 5

图 **6**

寄希望于未来

此后黑 1、3 渡过，黑棋虽然被中间开花，但本图中的黑棋可以接受，黑棋现在是寄希望于未来。

不过本图中黑棋的下法不值得在其他场合推荐。

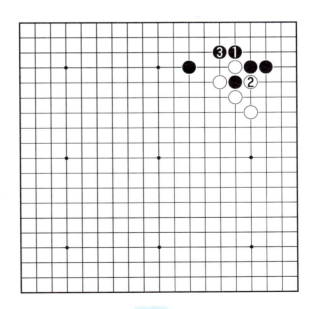

图 6

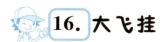

16. 大飞挂

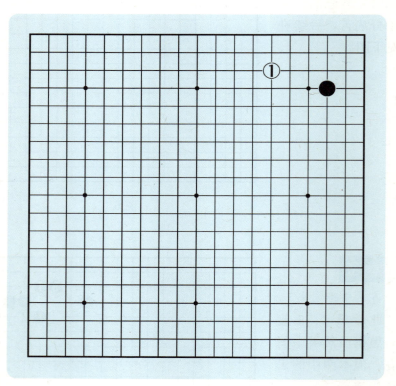

白1大飞挂，目的是阻止黑棋缔角。白棋离黑棋远一点，先看黑棋如何应对，再决定下一步行动。白棋的大飞挂，虽然不如小飞挂和一间挂对黑棋的攻击严厉，但有时因周边棋子的配置情况，反而会更好。

图 1

案例

我们现在试举一例说明，在已有黑⊿的情况下，白 A 如果挂角，会受到黑 B、C、D 的攻击。现在白⊿挂角，黑 1 则补棋。

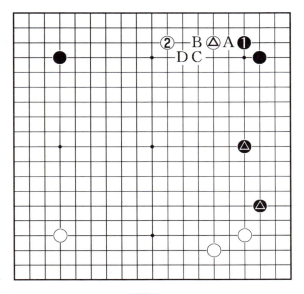

图 1

图 2

夹攻

黑 1 也可以考虑夹攻的下法，这一下法很常见，请大家要记住。此后白 2 靠，黑棋在气势上考虑会于黑 3 断，白 4 则扭断。

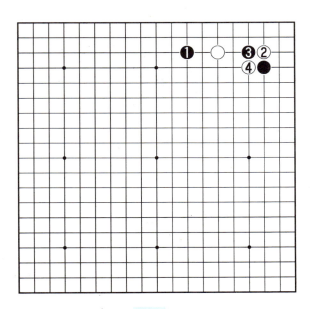

图 2

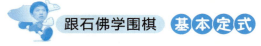

图 3

转换

黑 1、3 如果打吃，瞬间双方的位置发生转换，形成了白棋取角的局面，以后的进行十分重要。

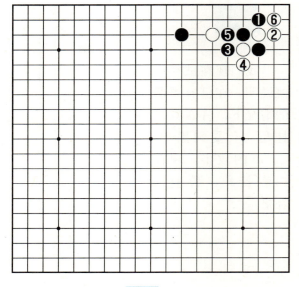

图 3

图 4

连接的方向

此后黑 1 封时，白 2 冲，黑 3 挡，白 4 稳稳地吃黑棋一子问黑棋是在 A 位补棋，还是在 5 位补棋。

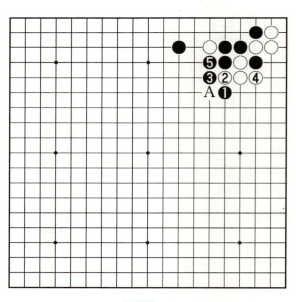

图 4

图 5

余味可怕

黑 1 连接，黑棋的中腹虽然很厚，但是如果有白△时，白棋可以利用余味，黑棋无法忍受。

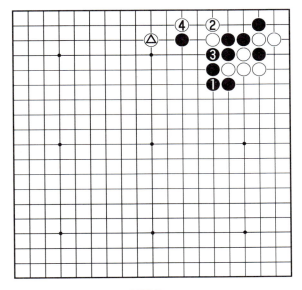

图 5

图 6

其他下法

黑 1、3 取实地的下法也可考虑，白4 时，黑 5 逼攻，目的是不让白棋围地，以后黑 7 拆边，黑棋两线作战，但现在白棋很厚，双方孰优孰劣，还很难说。

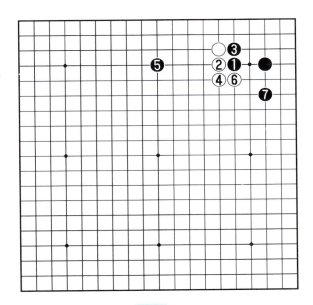

图 6

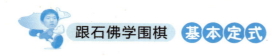

17.不必害怕

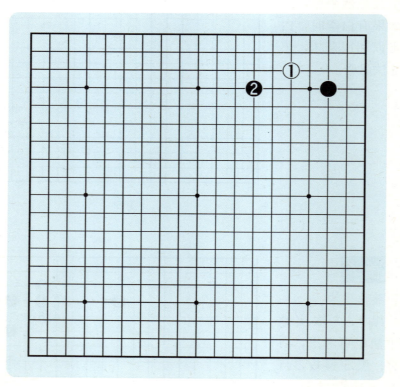

黑2夹攻是非常强力的手段，不过白棋也不必害怕，围棋本来就是双方轮流进行的运动，不可能一下子出现决定性的不利，但同时白棋也不能掉以轻心。

图 1

快速安定

面对黑棋的夹攻，白棋没有必要过于害怕，可以于白3快速安定，以后黑棋有 A、B 位的应手。

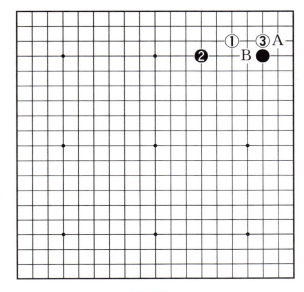

图 1

图 2

角地的余味

正如上图所述，对方强攻时，快速安定自己是上策，此后白2、4试图消除角地的余味，后续进行见下图。

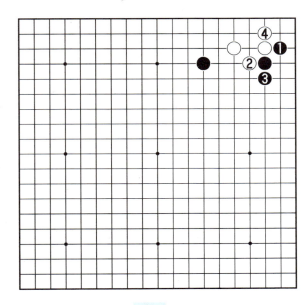

图 2

图 3

后续进行

续图 2，此后黑 1 在右边整形，白 2 生根时，黑 3 可以经营右边。

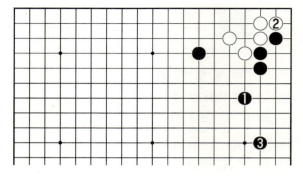

图 3

图 4

黑棋无理

图 2 中的黑 3 如果下成本图中的黑 1 打吃是无理棋，白 2、4 滚打后，黑△十分孤立，形势当然是白棋有利。

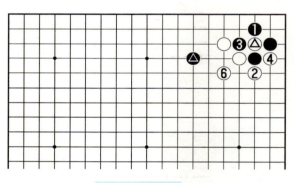

图 4 ❺=△

图 5

黑棋重视右边

黑棋干脆将角部实地拱手让给白棋，一心经营右边的下法也可考虑，即黑 1 长是急所，将白棋压在低位，然后黑 3 挡，白 4 挖是重要次序。

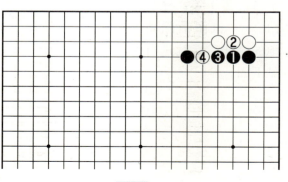

图 5

图 6

双方均势

此后白2、黑3各自连接，白棋为避免被封锁，于白4跳出，黑5拆边后，双方的进行暂告一段落，结果是白棋得实地，黑棋在右边构筑成强大的外势，双方均势。

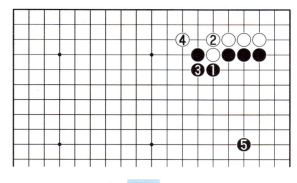

图 6

图 7

仍是定式

白1靠也是定式，黑2、4封是最常见下法。

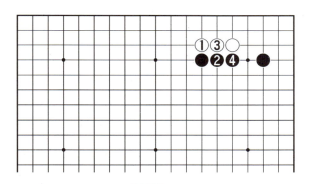

图 7

图 8

均势

白1扳是当然的次序，如果在A位长，白棋十分痛苦。下至白3，白棋在上边整形，黑棋得角地，双方仍是均势。

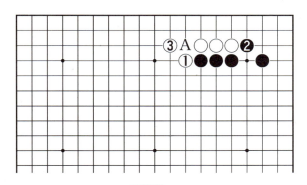

图 8

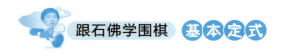

18. 靠必扳

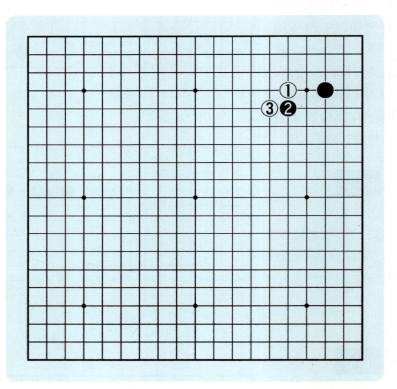

"靠必扳"是围棋格言，也有按照这一格言下出的定式。图中黑2靠时，白3扳，这是黑棋扩张右边时常用的定式。

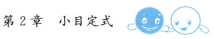

图 *1*

一段进行

下至白 2，定式告一段落，以后黑棋想扩张右边，可以考虑黑 A 的下法，如果想取实地，则可考虑黑 B 的下法。

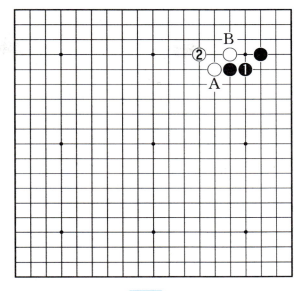

图1

图 *2*

扩张右边

黑 1 扳，目的是扩张右边，下至白 6 后，黑棋有 A 位长和 B 位打吃的手段。

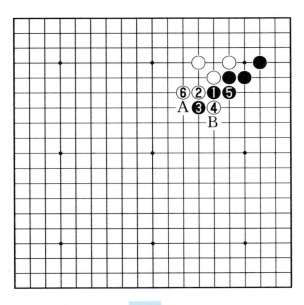

图2

图 3

黑取实地

黑棋如果想取实地，黑1靠后，黑3下立是好棋。不过黑棋的实地虽大，但白棋也可满足。

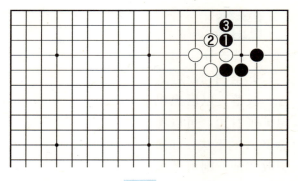

图 3

图 4

白棋重视外势

白棋如果对中腹情有独钟，白1长是好棋，白棋向中腹挺头，很有力量。

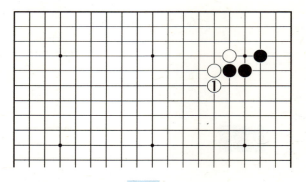

图 4

图 5

实地与外势

黑1断吃白棋一子是本手，白2打吃后，白4、6挡，结果形成黑棋取实地，白棋得外势的局面。其中黑5是当然的下法。

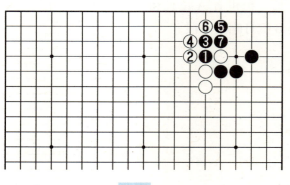

图 5

图 6

黑棋贪心

　黑 1 下立是黑棋贪心。

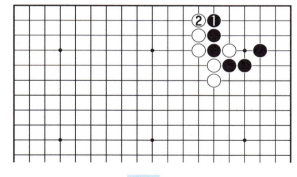

图 6

图 7

后续进行

　图 6 进行以后，黑棋如果脱先，白 1 是手筋，下至白 5 渡过，白棋可以占取角地。

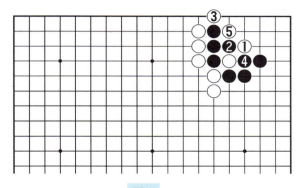

图 7

图 8

其他下法

　黑 1 长也是一种下法，以后白 4 拆边整形，黑 5 利用先手后，黑 7 长，黑棋可以满足，白棋得到先手也无不满。

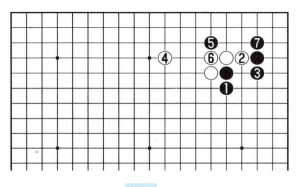

图 8

其他定式

（目外、高目、三三）

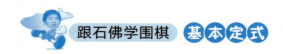
其他定式（目外、高目、三三）

目外：

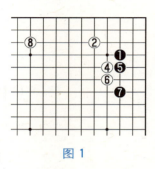

图 1

图 1 中黑 1 占小目时，白 2 挂在目外，此后黑棋脱先，白 4 压制黑棋是当然的进行。

目外对边的影响力要强于对角的影响力，与图 2 一样，有强烈的在边地构筑外势的味道。

高目：

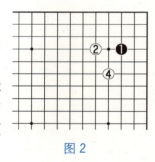

图 2

正如图中所示，黑 1 占小目时，白 2 挂在高目，其后黑棋脱先，白 4 应对。高目与目外的不同点是，高目更高一路，因而有更重视中腹的倾向。

三三：

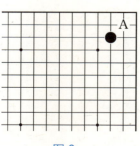

图 3

图 3 中黑棋所占的位置就是三三，三三与小目一样，只用一手棋就可围成实地，因为对方如果下在 A 位，肯定无法活棋。不过三三虽可围地，但围地的范围不大，并且对中腹的影响力较弱，因此对中腹突破有自信，并且喜爱实地的人可以考虑。

1. 压制对方

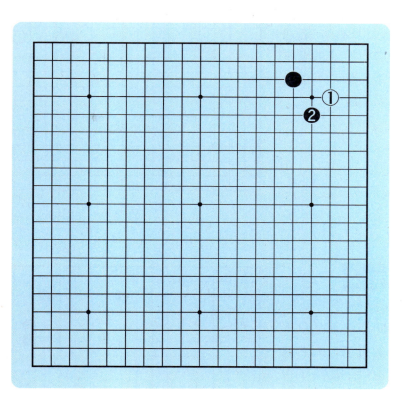

黑棋占目外的意图是扩张外势，挑起战端。黑 2 是目外定式中最具代表性的定式，往往形成黑棋取外势，白棋得实地的局面。

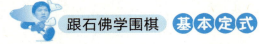

图 1

黑取外势

黑 1、3 时，白棋并没有太多的变化手段，白 2、4 是通常的应对，结果黑棋获取了外势，不过白棋也无不满。

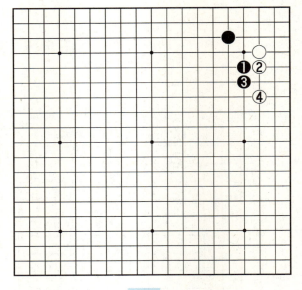

图 1

图 2

棋形的急所

此后黑 1 是棋形扩张的急所，既然已将实地拱手让给了白棋，黑棋再不这样下，就不能称为定式了，这一位置如果再让白棋占取，黑棋过于被动。

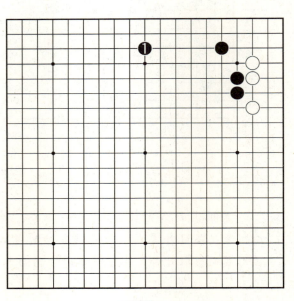

图 2

图 3

白棋受损

白棋如果认为图 2 中的白棋仍不安定，于白 1 与黑 2 进行交换，白棋明显受损。黑棋在黑▲的基础上再长一路后，外势更好了。

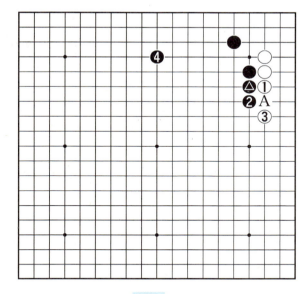

图 3

图 4

差别

图 4 中黑▲呈尖的状态时，白棋不在 A 位长，而于白 1 跳十分轻灵，这是因为黑棋投入的棋子较多，比较坚实，白棋的处理必须轻灵。

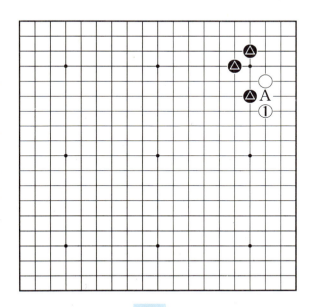

图 4

189

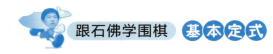

图 5

挖的诱导

白 1 长时，黑 2 可以跳，由于白棋不能在 A 位长，必须在 B 位挖。如果白 A 长，黑 B 挡后，白棋不满。

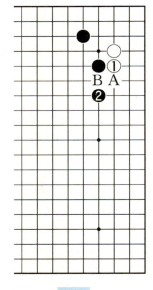

图 5　　　　　图 6

图 6

仍是定式

白 1、3 挖接是好棋，黑 4 连接后，黑棋也可满足。后续进行见下图。

图 7

外势与实地

此后白 1 利用先手后，白 3 跳，黑棋则利用外势于黑 4 拆边，形成黑棋外势对白棋实地的局面。

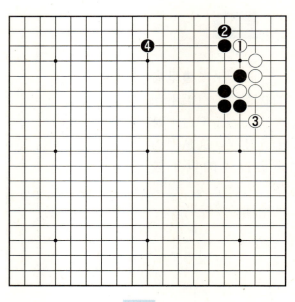

图 7

2. 大斜定式

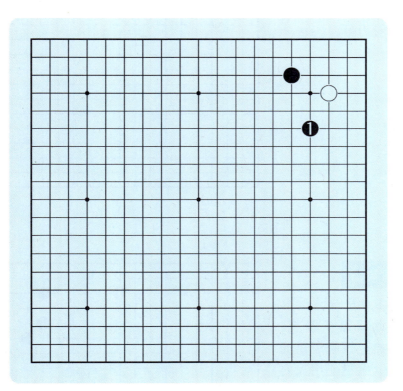

有人将大斜定式称为"魔术定式"，这是因为大斜定式的变化太多。大斜定式也有"大斜百变"、"大斜千变"的说法。但是大斜定式并不可怕，不为复杂的变化所困扰，简明处理是最好的应对，即不给对方太多的选择机会。

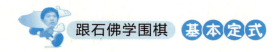

图 1

积蓄力量

黑1构筑大斜定式时，白2可以长，以积蓄力量。

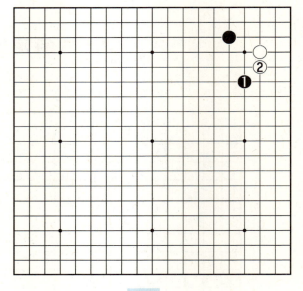

图 1

图 2

后续进行

此后黑1补棋，白2跳，摆脱黑棋的封锁，黑棋使用大斜定式，在初盘阶段想让对方屈服，但白棋简明处理后，摆脱了黑棋的纠缠。

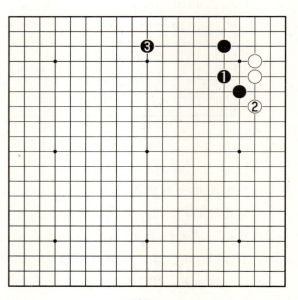

图 2

图 **3**

白棋取地

白 1 与黑 2 交换后，白 3 虎的下法也可考虑，白棋的想法是减少变化，占取实地。因此黑棋苦心经营的作战方略，被白棋轻松化解。

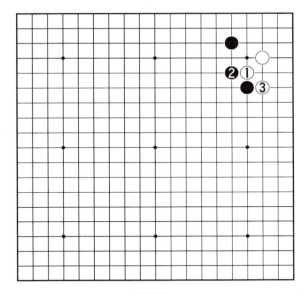

图 3

图 **4**

定式

此后黑棋别无选择，于黑 1、3、5 继续构筑外势，白 2、4、6 则继续占取实地，白棋彻底粉碎了黑棋进行复杂战斗的意图。

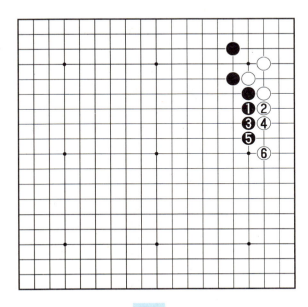

图 4

图 5

黑棋不满

白 3 挖也是不给黑棋选择余地的下法，这让黑棋十分不满。

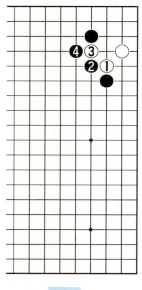

图 6

白棋主动

此后黑棋只好继续围外势，让白棋得实地，虽然黑棋的形势不坏，但主动权掌握在白棋手中。

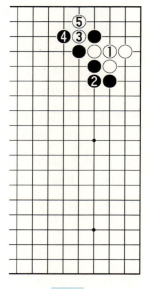

图 5　　　　　　图 6

图 7

定式

黑 1 直接连接的下法必须牢记，这是定式下法。如果下成黑 A 与白 2 交换，黑棋还须后手于 1 位连接。现在白 2 打吃时，黑棋可以脱先，抢占其他大场。

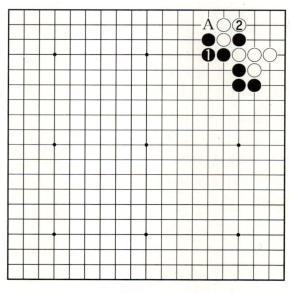

图 7

194

图 8

白棋迷路

有人说白 1 靠的下法是蜜月旅行，其实不然，白 1 的下法是迷路，黑 2 挖，将棋局带向了极其复杂的方向。

图 9

白棋取外势

此后白 1 打吃，黑 2 连接时，白 3 连接，白棋可以取外势。以后黑 4、6 吃白棋一子，并占取实地，白 7 同样打吃黑棋一子。

图 10

后续进行

续图 9，此后黑 1 或 A 位展开，防止白棋扩张外势，白 2 则提子，黑 3 吃白棋一子后，双方的进行暂告一段落。

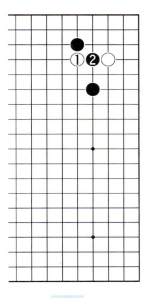

图 8

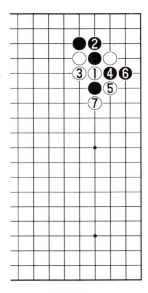

图 9

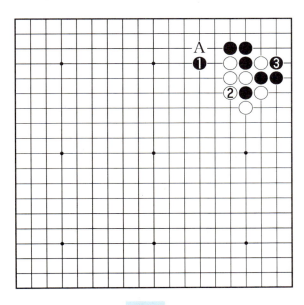

图 10

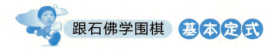

图 11

其他下法

白1连接的下法也可考虑。对于白棋的这一下法，大家要想很好地理解其中的变化，的确需要花费一点时间。

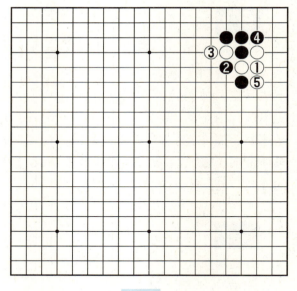

图 11

图 12

定式

下至黑7是双方的必然进行，黑7以后，双方估计会展开复杂的中腹战。正如刚才笔者反复强调的一样，不一定要选择复杂的定式才能下出高水平的棋，真正的高手都喜欢简单的定式，笔者也非常喜欢使用简单的定式。

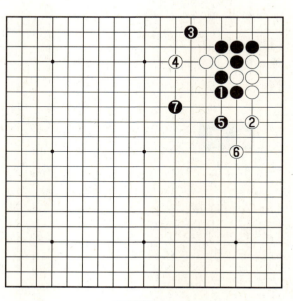

图 12

3. 高目定式

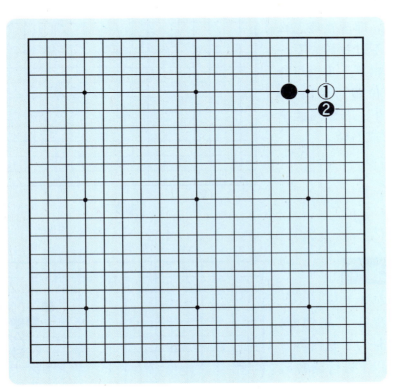

高目定式取外势的意图比目外定式更明显，力量型棋手经常使用高目定式。为了更好地理解高目定式，我们可以将其转化为简单的定式。

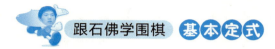

图 **1**

白棋的进行

白1、3补棋后，白棋会面临这样一个问题，即现在该怎么办？不过我们先看一下黑棋下一步棋可能下的位置再做决定，黑棋下一步最可能下在 A 或 B 位。

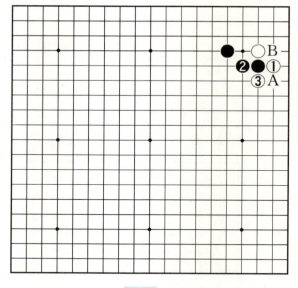

图 1

图 **2**

征子关系

黑1首先切断，目的是为了吃白△一子，以下进行至黑5，黑棋可以征吃白△，并构筑外势，白棋则脱先，或抢占白6的大场。

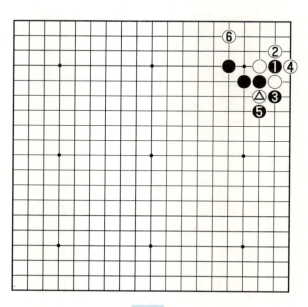

图 2

图 3

黑取实地

黑棋如果想取实地，黑1可以断在外侧，白 2、4 打吃黑棋一子，黑棋则可占取角地，以后白棋如果有机会，于 A 位长是好棋。

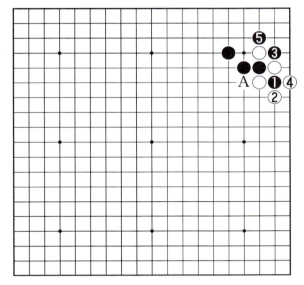

图 3

图 4

随机应变

白 1、3 有时也是很有力的下法，虽然白棋的这一下法一般都不好，但在特殊情况下却是特别好的手段。

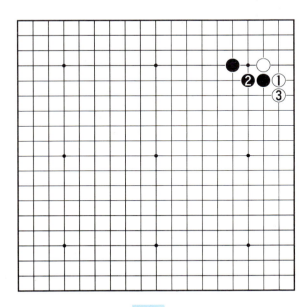

图 4

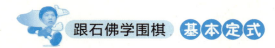
图 5

后续进行

续图 4，下至白 6，白棋整形，黑 7 则在上边拆边。其中白△如果是下在 A 位，黑棋如果不想让白棋在右边扩张，可以选择图 2 的定式进行。

白棋下在白△，可以解释为不想让黑棋有太多的选择机会。

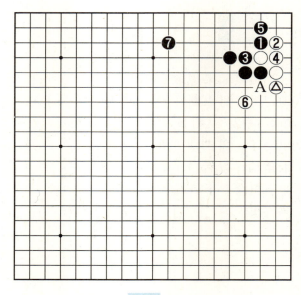

图 5

图 6

重视右边

本图中的黑棋也是不想给白棋选择余地的下法，黑 1 重视右边时，白棋肯定不愿在 A 位长，蚕食右边。

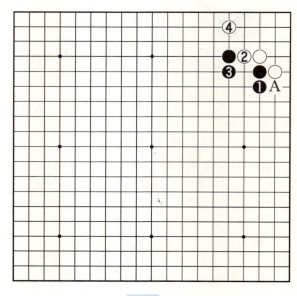

图 6

4. 蜘蛛侠有什么可怕

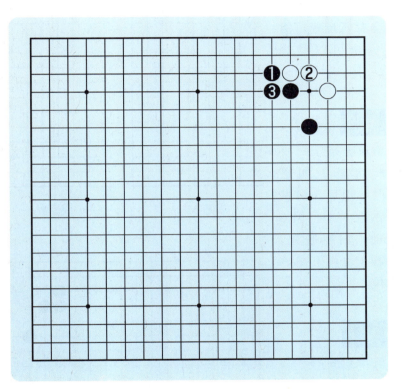

黑棋像蜘蛛侠一样，编织包围白棋的巨网，角上白棋十分担心。不过白棋并未走入绝境，也不至于马上就死棋，甚至于脱先，也可能活棋。

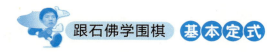

图 1

进行过程

黑 1 封时，白 2 攻击黑棋肋部，黑棋肯定会有所反应，但白棋完全可以静观其变。

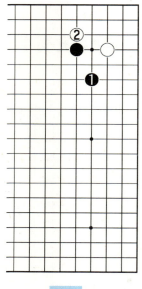

图 1

图 2

白棋占地

此后黑 1 如果挡，白 2 退后，白棋可以占取实地。黑 3 连接时，白棋脱先。其中黑 3 也可下在 A 或 B 位。

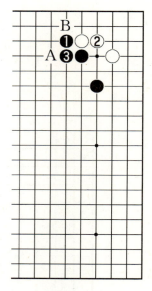

图 2

图 3

黑棋先手

黑棋如果有机会下在黑 1 则是先手，白棋由于角上的死活关系，必须于白 2 补棋。角上白棋的棋形虽然有点拥挤，但毕竟白棋已经脱先抢占了其他大场。

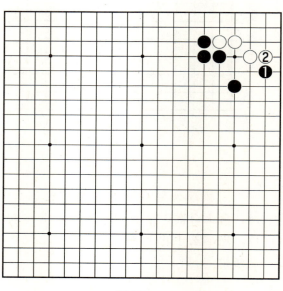

图 3

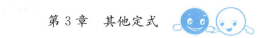

图 **4**

白棋的手段

白 1 与黑棋死缠烂打，看黑棋如何应对，然后再作下一步打算。

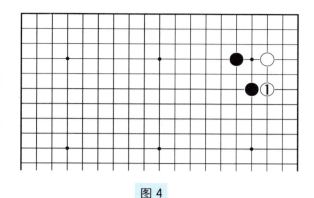

图 4

图 **5**

平常的进行

黑 1 长是最平常的进行，白 2 靠是后续手段。

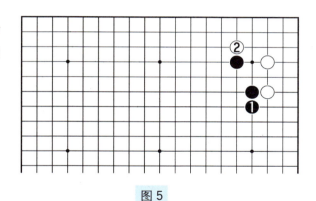

图 5

图 **6**

相互满足

本图是双方的后续进行，武宫正树九段肯定认为黑棋的形势好，而赵治勋九段则喜欢执白棋。

下至黑 5，形成了白棋取实地，黑棋得外势的局面，双方均无不满。

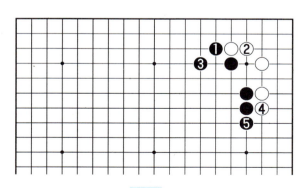

图 6

203

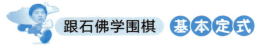

图 7

黑棋的反击

稍有一点性格的人会考虑黑1、3的反击，但现在由于有白△的存在，黑棋失算。

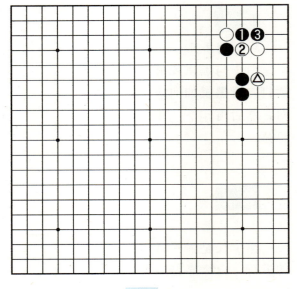

图 7

图 8

黑棋不好

续图7，下至白5是唯一的次序进行，现在黑△两子的处境很不好。

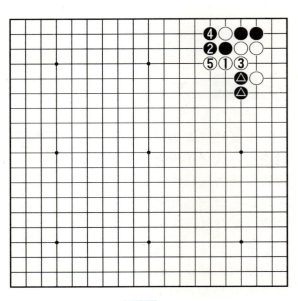

图 8

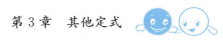

图 *9*

过激的手段

黑 1 挡的下法多少有点过激，会将局面引向复杂的方向，应该慎重选择。如果你面对的是上手，在他选择这一定式时，你一定要睁大眼睛，认真对待。

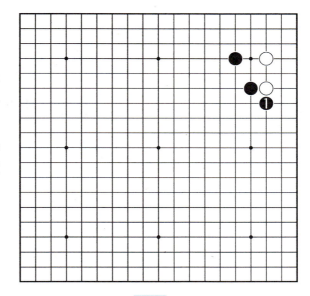

图 9

图 *10*

断的要领

白 1 断是要领，此时白棋如果在 A 位下立过于消极，黑棋在 1 位连接后，黑棋的棋形太好了。

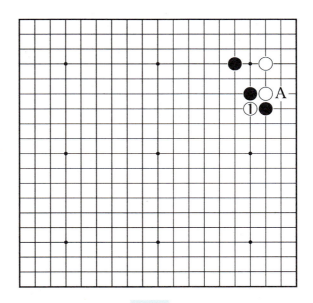

图 10

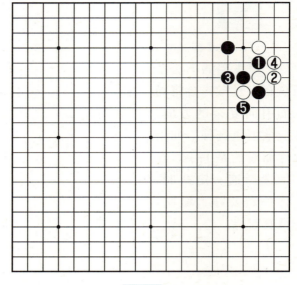

图 11

征子有利

黑棋如果征子有利，黑 1 先打吃是要领，然后黑 3 长，白 4 渡过时，黑 5 可以征子。

图 11

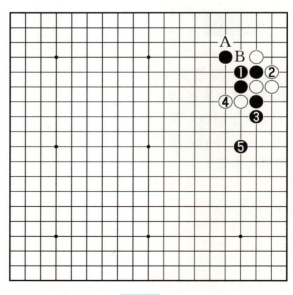

图 12

征子不利

黑棋如果征子不利，黑 1 可以直接连接，此后白 4、黑 5 分别投入战斗。以后白棋很可能会在 A 或 B 位补角。

图 12

 5. 取角地的作战

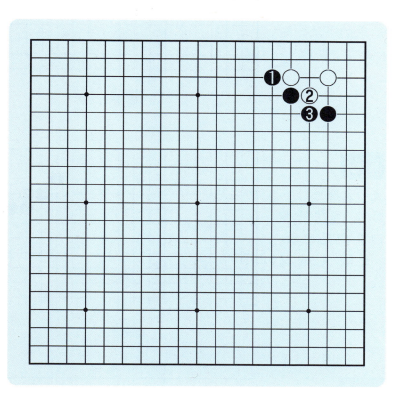

白棋点三三进角是十分有力的手段，意思是不给黑棋以思考的机会，快速安定自己，这是实惠派的典型下法。

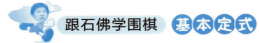

图 1

进行过程

在对方的阵营内做眼活棋，这是实惠派所追求的下法，图中白 2 正是这一下法。

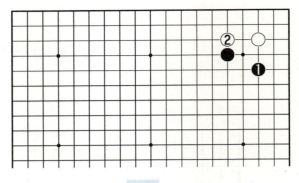

图 1

图 2

虎的急所

黑 1 挡在外侧时，白 2 虎是急所，这一下法又难又容易。

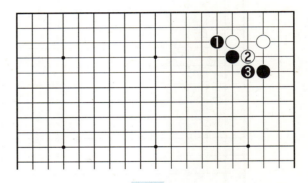

图 2

图 3

连扳

续图 2，此后白 1 连扳是好棋，黑 2 连接也是最佳下法，白 3 出头后，双方均势。

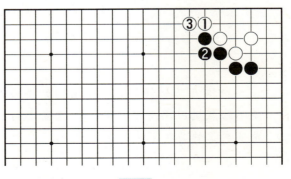

图 3

图 4

帮对方下棋

夫妻之间发生纷争时最大的禁忌是动手打人，定式中也同样如此，切忌随手打吃。图 4 中白 1 打吃，让黑 2 顺势走强，结果是白棋在帮对方下棋。

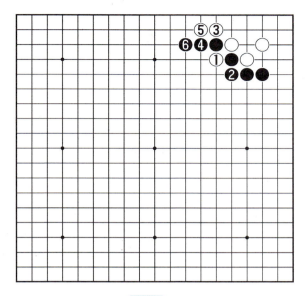

图 4

图 5

黑棋负担重

白 3 长时，黑棋应在 A 位连接，如果不连接，而于黑 4 长，黑棋 B 位的弱点负担太大。

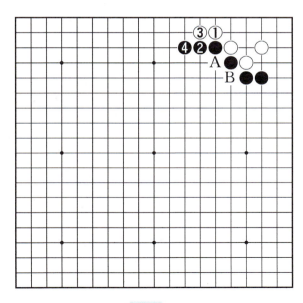

图 5

图 6

图 3 继续

黑棋有机会时，可以于黑 1 托，黑棋的这手棋隐含有后续手段，请见下图。

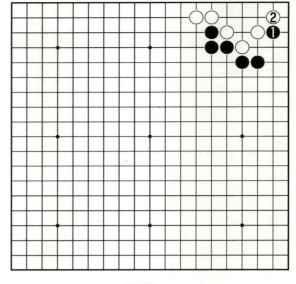

图 6

图 7

毒手

此后黑 1 点是毒手，以后黑 3 退是先手好棋，黑棋成功破白地。

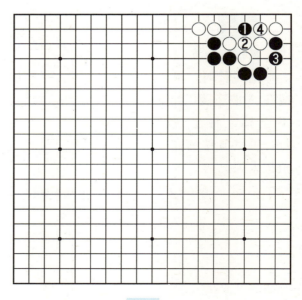

图 7

6. 三三

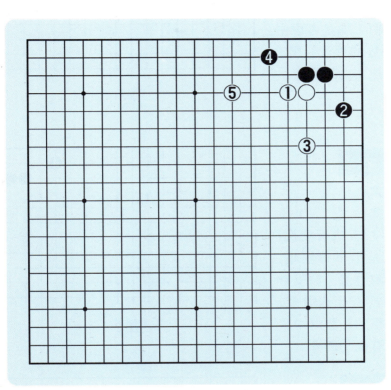

如果说高目取外势的目的十分明显，那么三三取实地的目的也十分明确。不过要考虑到图中白1的下法。三三定式笔者用得不是很好，赵治勋九段十分爱用。

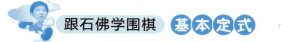

图 1

白棋肩冲

　　黑棋取实地时，白棋当然会取外势。图中白1即是考虑中腹外势的手法，黑2也是取实地的手法。

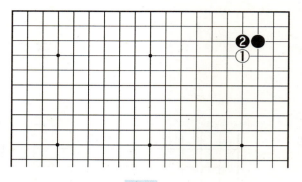

图 1

图 2

定式

　　此后黑 2、4 飞与白 3、5 进行交换，结果是黑棋得实地，白棋取外势。白棋看起来没有什么收获，但白棋的外势对中腹战斗有很大影响。

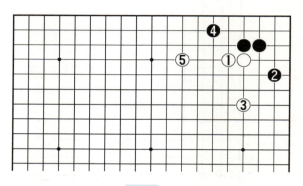

图 2

图 3

变化

　　白棋如果要重视上边，白 2 可以考虑挡，黑 3 飞，白 4 拆边，双方的进行都很充分。

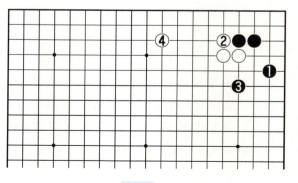

图 3

图 4

黑棋拐头

图 4 中的黑 1 拐头很厚，但很多人都不喜欢这一下法，因为看起来不如 A 位坚实。

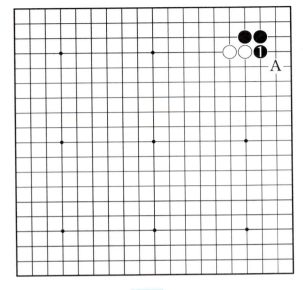

图 4

图 5

重视右边

黑棋如果重视右边，不愿被对方封锁，黑 2 长是急所，此后黑 4 跳，但会遭到白 5 的挡。黑 4 如果跳在 A 位，白棋可挡在 B 位。

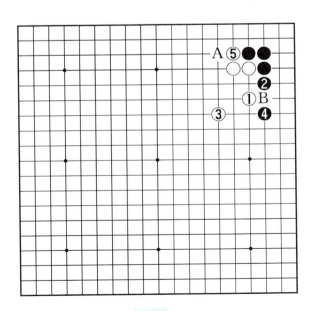

图 5

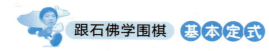

图 6

更进一步

白1是更进一步的下法,这是白棋更快进军中腹的体现。

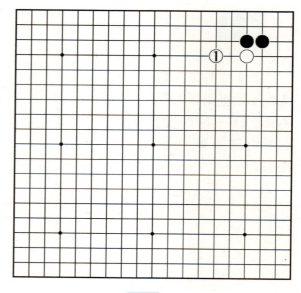

图 6

图 7

当然的挖

挖的下法大家均已掌握了,如果白棋在3位虎一手,黑棋无法忍受,因此黑1先挖是当然的进行,此后黑5也是手筋。

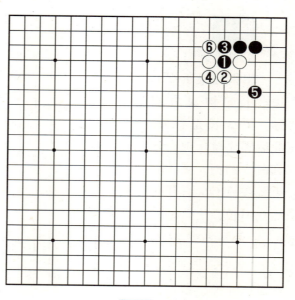

图 7

##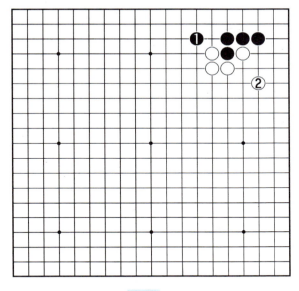

图 8

黑棋重视上边

不论是上边，还是下边，黑棋都想掌控。黑 1 如果重视上边，白 2 则占要点，也就是说黑棋不可能二者都占。

图 8

##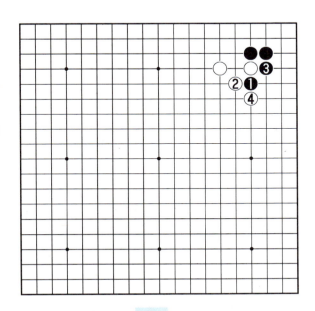

图 9

夹的手筋

黑 1 夹也是手筋，此后黑 3 打吃，白棋围外侧是通常的下法。

图 9

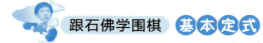

图 10

大飞挂

白 1 大飞挂三三是常用的手法，意图是脱离黑棋取实地，白棋得外势的构图，将棋局引向持久战。

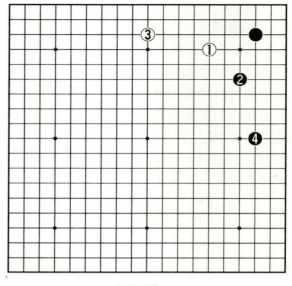

图 10

图 11

白棋整形

白棋如果有机会，可以考虑白 1 整形的下法，以下进行至黑 4，黑棋的实地得到了巩固，白棋的棋形也很好，双方满意。

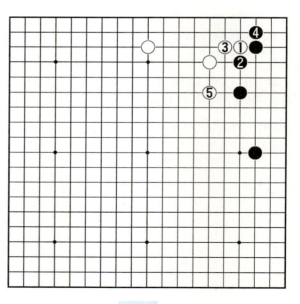

图 11